改訂新版

はじめての TOEIC® L&Rテスト この1冊で650点

生越秀子・著

はじめに

本書は、「TOEIC® Listening & Reading テストでスコア 650 点をクリアしたい人」のために作りました。

ご存じのように、TOEIC® テストの形式が 2016 年 5 月実施分より変わり、名称も「TOEIC® テスト」から「TOEIC® Listening & Reading（L&R）テスト」に現在改められています。TOEIC® L&R テストには、Part 3 ～ Part 7 の 4 つのパートで新形式の問題タイプが導入され、従来の TOEIC® テストに比べて、試験時間中に処理しなければならない英語の量が増えています。本書では、従来型の問題の解法はもちろんのこと、新形式の問題タイプについても、正解をいかにして得るか、その手順をできるだけ丁寧に解説しています。

TOEIC® L&R テストでは、最初の目標点を「まず 600 点」とする方が多く、「600 点突破」を謳った類書もすでに数多く出版されています。でも、いずれ 600 点を目指すのであれば、もう少し欲張って 650 点を目指して頑張ったほうが、現実的に 600 点台を超える可能性も高まるし、650 点が取れたら、700 点台も見えてきて「学習の好循環」が生まれると考え、本書では目標点を 650 点に定めました。また、この改訂増補版では、「リスニング力とリーディング力の基盤がない」「問題集を解くだけではなかなかスコアが伸びない」と感じている方に向けて、リスニング力とリーディング力の底上げをするトレーニングも紹介しています。本書を手に取ってくださったみなさん、650 点をターゲットに、今日から頑張ってみませんか。

さて、多量の英語を一定の時間内に聞いたり読んだりしなければならないテストで好成績を収めるには、英語に関する「言語処理能力」を高める学習が必要です。そのため、本書では、650 点達成の目標に向けて各パートの解法を説明するなかで、次の 2 つのことをみなさんに習慣化してもらいたいと考えて執筆しました。

1 つは、［主語＋動詞］を意識化して英語を聞いたり読んだりすることです。「底上げトレーニング」や解説中随所で触れていますが、英文の基本は［主語＋動詞］。リスニングでもリーディングでも、常に［主語＋動詞］を強く意識

*本書は2017年に出版した『はじめてのTOEIC® L&Rテスト この1冊で650点』の改訂新版です。

して英文を理解する、つまり情報処理をすることが、言語処理能力を向上させるカギになります。

もう1つ、みなさんに身に付けてもらいたいのは、多量の英文中の「意味のユニット（かたまり）」を見抜く力です。本書では、主にPart 5 ～ Part 7の解説ページで「スラッシュ」（/）を用いて、意味の区切れを示しています。英文を読むときも、聞くときも、この「ユニット」に気付き、[主語＋動詞]を基軸にキーワードの意味をとっていくことを習慣化していきましょう。本書の「底上げトレーニング」ではその具体的な学習の手順を紹介しています。

「リスニングや長文読解が苦手」で「Part 3、4、6、7は点が全然取れない」という方でも、[主語＋動詞]を強く意識して英文にふれ、意味や音のユニットを見抜く力をつけていけば、これまでぼんやりとした形でしか見聞きできなかったPart 3、4の英語音声や、Part 6、7の英文パッセージの趣旨が、霧が晴れていくように、わかるようになっていきます。

以上のように、本書では、650点をターゲットスコアとして設定し、その解法を丁寧に解説することで、実際に600 ～ 650点を獲得することをめざしていますが、その根底には、みなさんの英語基礎力を一段底上げするための方法論があります。これまで、英語学習が長続きしなかった方、英語がなんとなく苦手だと感じている方、あるいは初めてTOEIC® L&Rテストというものに挑戦する予定なので、とりあえず世間に通じるスコアを取りたいと考えている方、ぜひ、本書で学習を開始して、これまでの英語学習に突破口を開いてください。

最後に本書刊行にあたって尽力してくださった、コスモピア社長の坂本由子さんにお礼申し上げます。

2017年4月
生越秀子

CONTENTS

はじめに …… 2
本書の構成と使い方 …… 8
TOEIC® L&R テストについて …… 12
650 点を取るためのストラテジー …… 14
音声ダウンロードについて …… 19
音声ファイル表 …… 20
トレーニング用 PDF の無料ダウンロードについて …… 294

Part 1 写真描写問題の攻略

- Part 1 概要と攻略の流れ …… 22
- Part 1 を解くための文法のポイント …… 28
- Part 1 サンプル問題 …… 32
- パターン 1-1 「1 人」の人物写真 …… 34
- パターン 1-2 「2 人以上」の人物写真 …… 36
- パターン 1-3 風景写真 …… 38
- Part 1 練習問題 …… 40
- Part 1 練習問題の解答と解説 …… 42
- Part 1 頻出単語・フレーズ …… 44

Part 2 応答問題の攻略

- Part 2 概要と攻略の流れ …… 46
- Part 2 を解くための文法のポイント …… 50
- Part 2 サンプル問題 …… 54
- パターン 2-1 疑問詞を使った疑問文 …… 56
- パターン 2-2 be 動詞を使った疑問文 …… 58
- パターン 2-3 助動詞を使った疑問文 …… 60
- パターン 2-4 選択疑問文 …… 62
- パターン 2-5 付加疑問文 …… 64

- パターン 2-6 否定疑問文 …… 66
- パターン 2-7 勧誘・提案の表現 …… 68
- パターン 2-8 平叙文 …… 70
- **Part 2** 練習問題 …… 72
- **Part 2** 練習問題の解答と解説 …… 74
- **Part 2** 頻出単語・フレーズ …… 80

Part 3 会話問題の攻略

- **Part 3** 概要と攻略の流れ …… 82
- **Part 3** サンプル問題 …… 86
- 問題 1-3 の会話の流れ …… 88
- パターン 3-1 会話の主題を問う …… 90
- パターン 3-2 会話の発言の意図を問う …… 92
- パターン 3-3 今後の展開を問う …… 94
- 問題 4-6 の会話の流れ …… 96
- パターン 3-4 会話の場所を問う …… 98
- パターン 3-5 会話の一部の情報を問う …… 100
- パターン 3-6 図表と会話の情報を統合する …… 102
- **Part 3** 練習問題 …… 104
- **Part 3** 練習問題の解答と解説 …… 108
- **Part 3** 頻出単語・フレーズ …… 124

Part 4 説明文問題の攻略

- **Part 4** 概要と攻略の流れ …… 126
- **Part 4** サンプル問題 …… 130
- 問題 1-3 のトークの流れ …… 132
- パターン 4-1 トークの目的を問う …… 134
- パターン 4-2 「聞き手」が誰かを問う …… 136
- パターン 4-3 トークの発言の意図を問う …… 138

- 問題 4-6 のトークの流れ …… 140
- パターン 4-4 「話し手」が誰かを問う …… 142
- パターン 4-5 トークの一部の情報を問う …… 144
- パターン 4-6 図表とトークの情報を統合する …… 146
- **Part 4** 練習問題 …… 148
- **Part 4** 練習問題の解答と解説 …… 152
- **Part 4** 頻出単語・フレーズ …… 168

Part 5 短文穴埋め問題の攻略

- **Part 5** 概要と攻略の流れ …… 170
- **Part 5** を解くための文法のポイント …… 174
- **Part 5** サンプル問題 …… 182
- パターン 5-1 適切な動詞の形を選ぶ …… 184
- パターン 5-2 適切な品詞を選ぶ …… 186
- パターン 5-3 適切な語句を選ぶ …… 188
- パターン 5-4 適切な代名詞を選ぶ …… 190
- パターン 5-5 適切な接続表現を選ぶ …… 192
- パターン 5-6 適切な関係代名詞を選ぶ …… 194
- **Part 5** 練習問題 …… 196
- **Part 5** 練習問題の解答と解説 …… 200
- **Part 5** 頻出単語・フレーズ …… 208

Part 6 長文穴埋め問題の攻略

- **Part 6** 概要と攻略の流れ …… 210
- **Part 6** サンプル問題 …… 214
- 問題 1-4 の文書の流れ …… 216
- パターン 6-1 文脈から適切な動詞の形を選ぶ …… 218
- パターン 6-2 文脈から適切な接続表現を選ぶ …… 220
- パターン 6-3 文脈から適切な 1 文を選ぶ …… 222

- パターン 6-4 文脈から適切な語句を選ぶ …… 224
- Part 6 練習問題 …… 226
- Part 6 練習問題の解答と解説 …… 228
- Part 6 頻出単語・フレーズ …… 236

Part 7 読解問題の攻略

- Part 7 概要と攻略の流れ …… 238
- Part 7 サンプル問題 …… 242
- 問題 1-2 の文書の流れ …… 246
- パターン 7-1 文書の目的を問う …… 248
- パターン 7-2 適切な位置に文を挿入する …… 250
- 問題 3-4 の文書の流れ …… 252
- パターン 7-3 発言の意図を問う …… 254
- パターン 7-4 今後の展開を問う …… 256
- 問題 5-9 の文書の流れ①② …… 258
- パターン 7-5 近い意味の語を選ぶ …… 262
- パターン 7-6 文書に述べられていない情報を選ぶ …… 264
- パターン 7-7 複数の文書の情報を統合する …… 266
- パターン 7-8 文書の一部の情報を問う …… 268
- パターン 7-9 文書に示されている情報を選ぶ …… 270
- Part 7 練習問題 …… 272
- Part 7 練習問題の解答と解説 …… 276
- Part 7 頻出単語・フレーズ …… 293

付録

- リスニング力底上げトレーニング …… 296
- リーディング力底上げトレーニング …… 302
- 試験直前 10 分前チェック …… 308

本書の構成と使い方

650点を取るためのストラテジー

最初に、*p*.14 ～ *p*.19 の「650 点を取るためのストラテジー」を読んで、全体的な攻略のイメージをつかんでください。

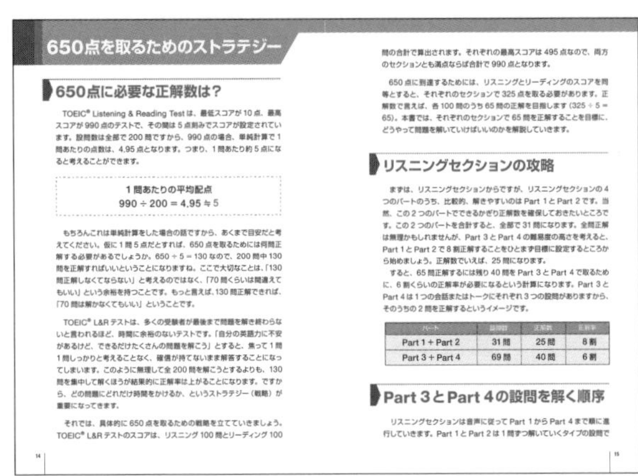

650点を取るためのストラテジー

650点に必要な正解数は？

TOEIC® Listening & Reading Test は、最低スコアが 10 点、最高スコアが 990 点のテストで、その間は 5 点刻みでスコアが設定されています。設問数は全部で 200 問ですから、990 点の場合、単純計算で 1 問あたりの点数は、4.95 点となります。つまり、1 問あたり約 5 点になると考えることができます。

1 問あたりの平均配点
990 ÷ 200 = 4.95 ≒ 5

もちろんこれは単純計算をした場合の話ですから、あくまで目安だと考えてください。仮に 1 問 5 点だとすれば、650 点を取るためには何問正解する必要があるでしょうか。650 ÷ 5 = 130 なので、200 問中 130 問を正解すればいいということになりますね。ここで大切なことは、「130 問正解しなくてならない」と考えるのではなく、「70 問くらいは間違えてもいい」という余裕を持つことです。もっと言えば、130 問正解できれば、「70 問は解かなくてもいい」ということです。

TOEIC® L&R テストは、多くの受験者が最後まで問題を解き終わらないと言われるほど、時間に余裕のないテストです。「自分の英語力に不安があるけど、できるだけたくさんの問題を解こう」とすると、焦って 1 問 1 問しっかりと考えることなく、確信が持てないまま解答することになってしまいます。このように無理して全 200 問を解こうとするよりも、130 問を集中して解くほうが結果的に正解率は上がることになります。ですから、どの問題にどれだけ時間をかけるか、というストラテジー（戦略）が重要になってきます。

それでは、具体的に 650 点を取るための戦略を立てていきましょう。TOEIC® L&R テストのスコアは、リスニング 100 問とリーディング 100 問の合計で算出されます。それぞれの最高スコアは 495 点なので、両方のセクションとも満点ならば合計で 990 点となります。

650 点に到達するためには、リスニングとリーディングのスコアを同等とすると、それぞれのセクションで 325 点を取る必要があります。正解数で言えば、各 100 問のうち 65 問の正解を目指します（325 ÷ 5 = 65）。本書では、それぞれのセクションで 65 問を正解することを目標に、どうやって問題を解いていけばいいのかを解説していきます。

リスニングセクションの攻略

まずは、リスニングセクションからですが、リスニングセクションの 4 つのパートのうち、比較的、解きやすいのは Part 1 と Part 2 です。当然、この 2 つのパートでできるかぎり正解数を確保しておきたいところです。この 2 つのパートを合計すると、全部で 31 問になります。全問正解は無理かもしれませんが、Part 3 と Part 4 の難易度の高さを考えると、Part 1 と Part 2 で 8 割正解することをひとまず目標に設定するところから始めましょう。正解数でいえば、25 問になります。

すると、65 問正解するには残り 40 問を Part 3 と Part 4 で取るために、6 割くらいの正解率が必要になるという計算になります。Part 3 と Part 4 は 1 つの会話またはトークにそれぞれ 3 つの設問がありますから、そのうちの 2 問を正解するというイメージです。

パート	[illegible]	[illegible]	[illegible]
Part 1 + Part 2	31 問	25 問	8 割
Part 3 + Part 4	69 問	40 問	6 割

Part 3とPart 4の設問を解く順序

リスニングセクションは音声に従って Part 1 から Part 4 まで順に進行していきます。Part 1 と Part 2 は 1 問ずつ解いていくタイプの設問で

14 15

各 Part の概要と攻略の流れ

各 Part の攻略では、最初に「概要と攻略の流れ」が掲載されています。問題の形式や攻略に必要な知識を確認しておきましょう。

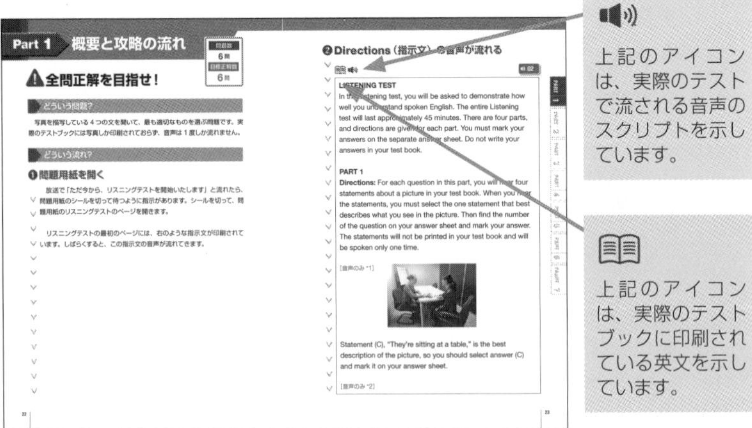

Part 1 概要と攻略の流れ

問題数 6問
目標正解数 6問

全問正解を目指せ！

どういう問題？

写真を描写している 4 つの文を聞いて、最も適切なものを選ぶ問題です。実際のテストブックには写真しか印刷されておらず、音声は 1 度しか流れません。

どういう流れ？

❶問題用紙を開く

放送で「ただ今から、リスニングテストを開始いたします」と流れたら、問題用紙のシールを切って待つように指示があります。シールを切って、問題用紙のリスニングテストのページを開きます。

リスニングテストの最初のページには、右のような指示文が印刷されています。しばらくすると、この指示文の音声が流れてきます。

❷Directions（指示文）の音声が流れる

02

LISTENING TEST
In the Listening test, you will be asked to demonstrate how well you understand spoken English. The entire Listening test will last approximately 45 minutes. There are four parts, and directions are given for each part. You must mark your answers on the separate answer sheet. Do not write your answers in your test book.

PART 1
Directions: For each question in this part, you will hear four statements about a picture in your test book. When you hear the statements, you must select the one statement that best describes what you see in the picture. Then find the number of the question on your answer sheet and mark your answer. The statements will not be printed in your test book and will be spoken only one time.

［音声のみ *1］

Statement (C), "They're sitting at a table," is the best description of the picture, so you should select answer (C) and mark it on your answer sheet.

［音声のみ *2］

22 23

上記のアイコンは、実際のテストで流される音声のスクリプトを示しています。

上記のアイコンは、実際のテストブックに印刷されている英文を示しています。

文法のポイント

Part 1、Part 2、Part 5 の攻略では、「概要と攻略の流れ」に続いて、それぞれのパートで重要になる「文法のポイント」がまとめられています。

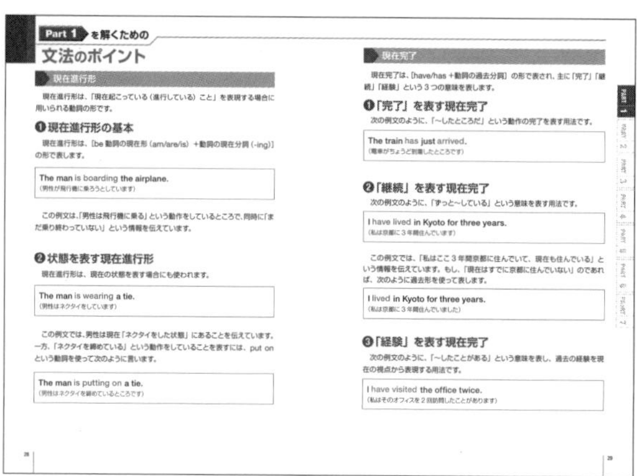

Part 1 を解くための

文法のポイント

現在進行形

現在進行形は、「現在起こっている（進行している）こと」を表現する場合に用いられる動詞の形です。

❶現在進行形の基本

現在進行形は、[be 動詞の現在形（am/are/is）＋動詞の現在分詞（-ing）]の形で表します。

The man is boarding the airplane.
（男性が飛行機に乗ろうとしています）

この例文は、「男性は飛行機に乗る」という動作をしているところで、同時に「まだ乗り終わっていない」という情報を伝えています。

❷状態を表す現在進行形

現在進行形は、現在の状態を表す場合にも使われます。

The man is wearing a tie.
（男性はネクタイをしています）

この例文では、男性は現在「ネクタイをした状態」にあることを伝えています。一方、「ネクタイを締めている」という動作をしていることを表すには、put on という動詞を使って次のように言います。

The man is putting on a tie.
（男性はネクタイを締めているところです）

現在完了

現在完了は、[have/has ＋動詞の過去分詞] の形で表され、主に「完了」「継続」「経験」という３つの意味を表します。

❶「完了」を表す現在完了

次の例文のように、「～したところだ」という動作の完了を表す用法です。

The train has just arrived.
（電車がちょうど到着したところです）

❷「継続」を表す現在完了

次の例文のように、「ずっと～している」という意味を表す用法です。

I have lived in Kyoto for three years.
（私は京都に３年間住んでいます）

この例文では、「私はここ３年間京都に住んでいて、現在も住んでいる」という情報を伝えています。もし、「現在はすでに京都に住んでいない」のであれば、次のように過去形を使って表します。

I lived in Kyoto for three years.
（私は京都に３年間住んでいました）

❸「経験」を表す現在完了

次の例文のように、「～したことがある」という意味を表し、過去の経験を現在の視点から表現する用法です。

I have visited the office twice.
（私はそのオフィスを２回訪問したことがあります）

28　29

サンプル問題

各パートのサンプル問題が用意されていますので、実際に解いてみましょう。解答欄もページに印刷されています。

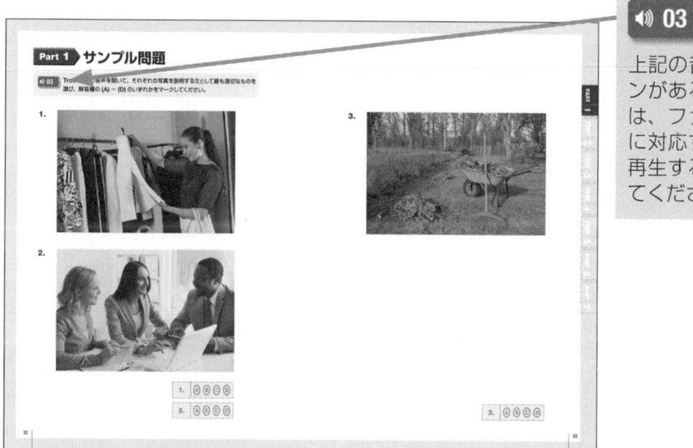

Part 1 サンプル問題

03 Tr... 音声を聞いて、それぞれの写真を説明する文として最も適切なものを選び、解答欄の (A) ～ (D) のいずれかをマークしてください。

1.

2.

3.

1. ⒶⒷⒸⒹ
2. ⒶⒷⒸⒹ
3. ⒶⒷⒸⒹ

32　33

03

上記の音声アイコンがあるところでは、ファイル番号に対応する音声を再生するようにしてください。

設問パターンの解説

サンプル問題を使って、設問パターンについて解説しています。設問の特徴とともに、正解を選ぶための解き方を学習しましょう。

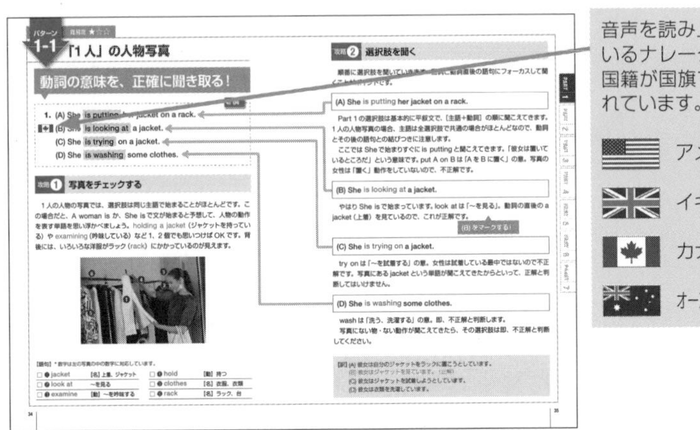
パターン 1-1 「1人」の人物写真

動詞の意味を、正確に聞き取る！

1. (A) She is putting her jacket on a rack.
(B) She is looking at a jacket.
(C) She is trying on a jacket.
(D) She is washing some clothes.

攻略1 写真をチェックする

1人の人物の写真では、選択肢は同じ主語で始まることがほとんどです。この場合だと、A woman is か、She is で文が始まると予想して、人物の動作を表す単語を思い浮かべましょう。holding a jacket（ジャケットを持っている）や examining（吟味している）など1、2個でも思いつけばOKです。背後には、いろいろな洋服がラック（rack）にかかっているのが見えます。

jacket	【名】上着、ジャケット	hold	【動】持つ
look at	～を見る	clothes	【名】衣服、衣類
examine	【動】～を吟味する	rack	【名】ラック、台

攻略2 選択肢を聞く

(A) She is putting her jacket on a rack.

Part 1の選択肢は基本的に平叙文で、［主語＋動詞］の順に聞こえてきます。1人の人物写真の場合、主語は全選択肢で共通の場合がほとんどなので、動詞とその後の語句との結びつきに注意します。
ここでは She で始まりすぐに is putting と聞こえてきます。「彼女は置いているところだ」という意味です。put A on B は「AをBに置く」の意。写真の女性は「置く」動作をしていないので、不正解です。

(B) She is looking at a jacket.

やはり She is で始まっています。look at は「～を見る」。動詞の直後の a jacket（上着）を見ているので、これが正解です。

(C) She is trying on a jacket.

try on は「～を試着する」の意。女性は試着している最中ではないので不正解です。写真にある jacket という単語が聞こえてきたからといって、正解と判断してはいけません。

(D) She is washing some clothes.

wash は「洗う、洗濯する」の意。即、不正解と判断します。
写真にない物・ない動作が聞こえてきたら、その選択肢は即、不正解と判断してください。

音声を読み上げているナレーターの国籍が国旗で示されています。

アメリカ
イギリス
カナダ
オーストラリア

会話・トーク・文書の流れ

Part 3、Part 4、Part 6、Part 7の攻略では、「設問パターンの解説」の前に、「会話の流れ」「トークの流れ」「文書の流れ」の解説があります。

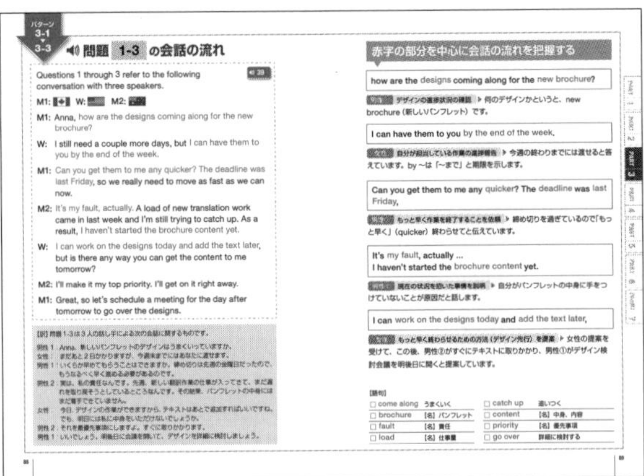
パターン 3-1～3-3 問題 1-3 の会話の流れ

Questions 1 through 3 refer to the following conversation with three speakers.

M1: Anna, how are the designs coming along for the new brochure?
W: I still need a couple more days, but I can have them to you by the end of the week.
M1: Can you get them to me any quicker? The deadline was last Friday, so we really need to move as fast as we can now.
M2: It's my fault, actually. A load of new translation work came in last week and I'm still trying to catch up. As a result, I haven't started the brochure content yet.
W: I can work on the designs today and add the text later, but is there any way you can get the content to me tomorrow?
M2: I'll make it my top priority. I'll get on it right away.
M1: Great, so let's schedule a meeting for the day after tomorrow to go over the designs.

赤字の部分を中心に会話の流れを把握する

how are the designs coming along for the new brochure?

I can have them to you by the end of the week.

Can you get them to me any quicker? The deadline was last Friday,

It's my fault, actually ...
I haven't started the brochure content yet.

I can work on the designs today and add the text later,

come along	うまくいく	catch up	追いつく
brochure	【名】パンフレット	content	【名】中身、内容
fault	【名】責任	priority	【名】優先事項
load	【名】仕事量	go over	詳細に検討する

練習問題

設問パターンについて理解したところで、練習問題にチャレンジしてみましょう。設問パターンを意識しながら解くように心がけてください。

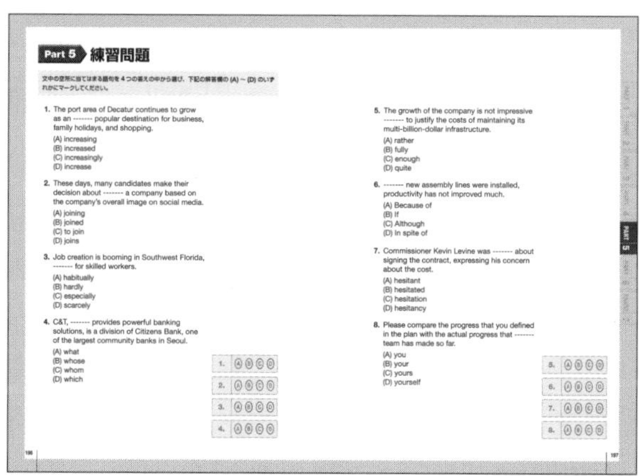

Part 5 練習問題

文中の空所に当てはまる語句を4つの選択肢の中から選び、下記の解答欄の (A) ～ (D) のいずれかにマークしてください。

1. The port area of Decatur continues to grow as an ------- popular destination for business, family holidays, and shopping.
(A) increasing
(B) increased
(C) increasingly
(D) increase

2. These days, many candidates make their decision about ------- a company based on the company's overall image on social media.
(A) joining
(B) joined
(C) to join
(D) joins

3. Job creation is booming in Southwest Florida, ------- for skilled workers.
(A) habitually
(B) hardly
(C) especially
(D) scarcely

4. C&T, ------- provides powerful banking solutions, is a division of Citizens Bank, one of the largest community banks in Seoul.
(A) what
(B) whose
(C) whom
(D) which

5. The growth of the company is not impressive ------- to justify the costs of maintaining its multi-billion-dollar infrastructure.
(A) rather
(B) fully
(C) enough
(D) quite

6. ------- new assembly lines were installed, productivity has not improved much.
(A) Because of
(B) If
(C) Although
(D) In spite of

7. Commissioner Kevin Levine was ------- about signing the contract, expressing his concern about the cost.
(A) hesitant
(B) hesitated
(C) hesitation
(D) hesitancy

8. Please compare the progress that you defined in the plan with the actual progress that ------- team has made so far.
(A) you
(B) your
(C) yours
(D) yourself

1. Ⓐ Ⓑ Ⓒ Ⓓ
2. Ⓐ Ⓑ Ⓒ Ⓓ
3. Ⓐ Ⓑ Ⓒ Ⓓ
4. Ⓐ Ⓑ Ⓒ Ⓓ
5. Ⓐ Ⓑ Ⓒ Ⓓ
6. Ⓐ Ⓑ Ⓒ Ⓓ
7. Ⓐ Ⓑ Ⓒ Ⓓ
8. Ⓐ Ⓑ Ⓒ Ⓓ

196 197

練習問題の解答と解説

練習問題の解説には、解答と解説や日本語訳とともに、分類される設問パターン、問題の難易度といった情報も掲載されています。

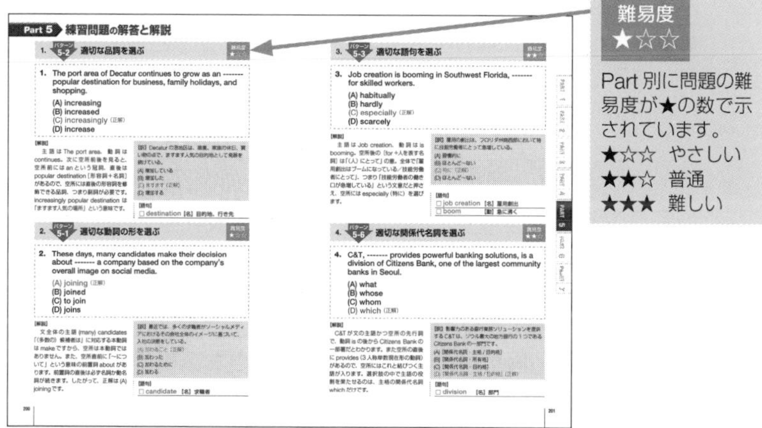

Part 5 練習問題の解答と解説

1. パターン 5-2 適切な品詞を選ぶ

1. The port area of Decatur continues to grow as an ------- popular destination for business, family holidays, and shopping.
(A) increasing
(B) increased
(C) increasingly (正解)
(D) increase

【解説】
主語は The port area、動詞は continues。次に空所前後を見ると、空所前には an という冠詞、直後は popular destination［形容詞＋名詞］があるので、空所には直後の形容詞を修飾できる品詞、つまり副詞が必要です。increasingly popular destination は「ますます人気の場所」という意味です。

【語句】
□ destination【名】目的地、行き先

2. パターン 5-1 適切な動詞の形を選ぶ

2. These days, many candidates make their decision about ------- a company based on the company's overall image on social media.
(A) joining (正解)
(B) joined
(C) to join
(D) joins

【解説】
文全体の主語 (many) candidates「(多数の) 候補者は」に対応する本動詞は make ですから、空所は本動詞ではありません。また、空所直前に「～について」という意味の前置詞 about があります。前置詞の直後は必ず名詞か動名詞が続きます。したがって、正解は (A) joining です。

【語句】
□ candidate【名】求職者

3. パターン 5-3 適切な語句を選ぶ

3. Job creation is booming in Southwest Florida, ------- for skilled workers.
(A) habitually
(B) hardly
(C) especially (正解)
(D) scarcely

【解説】
主語は Job creation、動詞は is booming。空所後の［for＋人を表す名詞］は「(人) にとって」の意。全体で「雇用創出はブームになっている／技能労働者にとって」、つまり「技能労働者の働き口が急増している」という文意だと押さえ、空所には especially（特に）を選びます。

【語句】
□ job creation【名】雇用創出
□ boom【動】急に沸く

4. パターン 5-6 適切な関係代名詞を選ぶ

4. C&T, ------- provides powerful banking solutions, is a division of Citizens Bank, one of the largest community banks in Seoul.
(A) what
(B) whose
(C) whom
(D) which (正解)

【解説】
C&T が文の主語かつ空所の先行詞で、動詞 is の後から Citizens Bank の一部署だとわかります。また空所の直後に provides（3人称単数現在形の動詞）があるので、空所にはこれと結びつく主語が入ります。選択肢の中で主語の役割を果たせるのは、主格の関係代名詞 which だけです。

【語句】
□ division【名】部門

200 201

難易度
★☆☆

Part 別に問題の難易度が★の数で示されています。

★☆☆ やさしい
★★☆ 普通
★★★ 難しい

TOEIC® L&R テストについて

TOEIC® L&R テストとは？

TOEIC は Test of English for International Communication の略称で、英語によるコミュニケーション能力を幅広く評価する世界共通のテストです。TOEIC® L&R テストの正式名称は、TOEIC® Listening & Reading Test で、Listening（聞く）と Reading（読む）という 2 つの英語力を判定します。

TOEIC® テストを開発したのは、世界最大級の規模とノウハウを持つテスト開発機関として知られるアメリカの ETS（Educational Testing Service）です。日本における実施・運営は、（一財）国際ビジネスコミュニケーション協会が行っています。

問題形式

・ 問題はリスニングセクション（45 分間、100 問）と、リーディングセクション（75 分間、100 問）で構成され、2 時間で 200 問に解答します。

・ マークシート方式の一斉客観テストです。

パート	Name of Each Part	パート名	問題数
リスニング セクション（45分間）			
1	Photographs	写真描写問題	6
2	Question-Response	応答問題	25
3	Conversations	会話問題	39
4	Talks	説明文問題	30
リーディング セクション（75分間）			
5	Incomplete Sentences	短文穴埋め問題	30
6	Text Completion	長文穴埋め問題	16
7	Reading Comprehension	読解問題	54
	・ Single Passages	ひとつの文書	(29)
	・ Multiple Passages	複数の文書	(25)*

＊ダブルパッセージが 10 問、トリプルパッセージが 15 問です。

TOEIC® L&R テストの採点

TOEIC® L&R テストは、合否ではなく、10 点～ 990 点のスコアで評価され、公開テスト終了後 30 日以内に、受験者に Official Score Certificate（公式認定証）が発送されます。また、統計分析による Equating（スコアの同一化）という処理により、英語能力に変化がないかぎり、何回受験してもスコアに変動がないように作られています。

こうした特徴から、英語力を測る「ものさし」として、約 3,400 の企業・団体・学校で英語研修の効果測定や昇進・昇格の条件、単位認定や推薦入試などの目的で採用されています。

TOEIC® L&R テストの採点

TOEIC® L&R テストを受験するには、インターネットおよびコンビニ店頭で申し込みが可能です。詳しくは、下記の公式ウェブサイトにてご確認ください。

https://www.iibc-global.org/toeic/test/lr.html

650点を取るためのストラテジー

650点に必要な正解数は？

TOEIC® Listening & Reading Test は、最低スコアが 10 点、最高スコアが 990 点のテストで、その間は 5 点刻みでスコアが設定されています。設問数は全部で 200 問ですから、990 点の場合、単純計算で 1 問あたりの点数は、4.95 点となります。つまり、1 問あたり約 5 点になると考えることができます。

1 問あたりの平均配点
990 ÷ 200 ＝ 4.95 ≒ 5

もちろんこれは単純計算をした場合の話ですから、あくまで目安だと考えてください。仮に 1 問 5 点だとすれば、650 点を取るためには何問正解する必要があるでしょうか。650 ÷ 5 ＝ 130 なので、200 問中 130 問を正解すればいいということになりますね。ここで大切なことは、「130 問正解しなくてならない」と考えるのではなく、「70 問くらいは間違えてもいい」という余裕を持つことです。もっと言えば、130 問正解できれば、「70 問は解かなくてもいい」ということです。

TOEIC® L&R テストは、多くの受験者が最後まで問題を解き終わらないと言われるほど、時間に余裕のないテストです。「自分の英語力に不安があるけど、できるだけたくさんの問題を解こう」とすると、焦って 1 問 1 問しっかりと考えることなく、確信が持てないまま解答することになってしまいます。このように無理して全 200 問を解こうとするよりも、130 問を集中して解くほうが結果的に正解率は上がることになります。ですから、どの問題にどれだけ時間をかけるか、というストラテジー（戦略）が重要になってきます。

それでは、具体的に 650 点を取るための戦略を立てていきましょう。TOEIC® L&R テストのスコアは、リスニング 100 問とリーディング 100

問の合計で算出されます。それぞれの最高スコアは 495 点なので、両方のセクションとも満点ならば合計で 990 点となります。

650 点に到達するためには、リスニングとリーディングのスコアを同等とすると、それぞれのセクションで 325 点を取る必要があります。正解数で言えば、各 100 問のうち 65 問の正解を目指します (325 ÷ 5 = 65)。本書では、それぞれのセクションで 65 問を正解することを目標に、どうやって問題を解いていけばいいのかを解説していきます。

リスニングセクションの攻略

まずは、リスニングセクションからですが、リスニングセクションの 4 つのパートのうち、比較的、解きやすいのは Part 1 と Part 2 です。当然、この 2 つのパートでできるかぎり正解数を確保しておきたいところです。この 2 つのパートを合計すると、全部で 31 問になります。全問正解は無理かもしれませんが、Part 3 と Part 4 の難易度の高さを考えると、Part 1 と Part 2 で 8 割正解することをひとまず目標に設定するところから始めましょう。正解数でいえば、25 問になります。

すると、65 問正解するには残り 40 問を Part 3 と Part 4 で取るために、6 割くらいの正解率が必要になるという計算になります。Part 3 と Part 4 は 1 つの会話またはトークにそれぞれ 3 つの設問がありますから、そのうちの 2 問を正解するというイメージです。

パート	設問数	正解数	正解率
Part 1 + Part 2	31 問	25 問	8 割
Part 3 + Part 4	69 問	40 問	6 割

Part 3 と Part 4 の設問を解く順序

リスニングセクションは音声に従って Part 1 から Part 4 まで順に進行していきます。Part 1 と Part 2 は 1 問ずつ解いていくタイプの設問ですが、Part 3とPart 4は1つの会話またはトークに対して3つの設問が用意されているため、3問を1セットとして解いていくことになります。また、Part 3とPart 4の問題は、音声を聞くことに加えて設問と選択肢を読むという作業が必要になってくるため、正解を選ぶまでのプロセスがPart 1やPart 2よりも複雑になります。

先にも述べましたが、Part 3やPart 4では3つの設問のうち2つを正解するイメージで解いていくことが大切です。ですから、設問は3つすべてを解く必要はありません。会話やトークを聞く前に設問を確認して、この設問はおそらく難易度が高いとか、解くのに時間がかかりそうだといった予測がつく設問があったら、その設問は「解くのは後回しにする」あるいは「適当にマークして次へ進む」ようにします。

例えば、*p.*92で紹介しているパターン3-2「会話の発言の意図を問う」の設問は、選択肢も長い上に会話の文脈をしっかり理解していないと正解できないため、難易度がかなり高いといえます。こういった設問が3つの設問の2番目にあった場合は、1番目の設問を解いた後、2番目の設問に時間をかけすぎて、正解できるはずの3番目の設問に手がつかなくなるという可能性があります。ですから、場合によっては1番目の設問を解いた後、3番目の設問に進み、2番目の設問は時間があったら解く、あるいは適当にマークして次の会話やトークの設問の先読みをしたほうが、結果的に正解数を増やせるのです。

以上のように、設問のパターンを見極めるということが大切になってきます。

リーディングセクションの攻略

続いて、リーディングセクションです。リーディングセクションはPart 5～Part 7までの3つのパートから構成されています。Part 5から解き始めた場合、多くの人がPart 7のダブルパッセージやトリプルパッセージの問題にたどりつく前にタイムアップとなってしまいます。

リーディングセクションは自分で時間配分を決めることができるため、

自分が得意なパートから始めていくのも一つの方法です。Part 5 と Part 6 に多く出題される語彙や文法の知識を問う問題は、知らなければ正解を選ぶのが困難です。しかし、Part 7 の多くの問題は、文書をきちんと読むことができれば正解するのは難しくありません。Part 5 から始めて考えても解けない問題に時間を使うよりも、Part 7 の時間をかけて読めば解ける問題に時間を残すようにしたほうが得策です。

そこで、Part 7 の 54 問のうち、6 割の 33 問を正解することを目標に設定します。すると、Part 5 と Part 6 は合計 46 問中、7 割の 32 問を正解すればよいことになります。

パート	設問数	正解数	正解率
Part 5 + Part 6	46 問	32 問	7 割
Part 7	54 問	33 問	6 割

もし、Part 5 と Part 6 に時間をかけすぎて、Part 7 のダブルパッセージとトリプルパッセージを手つかずの状態にしてしまうと、合計で 25 問を失ってしまうことになります。すると、残りの 75 問だけで 65 問を正解しなくてはなりません。つまり、Part 5 と Part 6、さらに Part 7 のシングルパッセージを合わせた 75 問で 65 問正解なら、8.5 割の正解率が必要になります。ですから、ダブルパッセージやトリプルパッセージでも、なるべく正解数を増やしたいところです。

リーディングセクションの時間配分

リスニングセクションは音声に従って Part 1 から Part 4 まで順に進行しますが、リーディングセクションではどの問題から解いていっても構いません。また、どの問題にどれくらい時間をかけるかも自分で決めることができます。ですから、75 分間という試験時間をいかにうまく使って、効率よく問題を解いていくかという戦略がポイントになります。

Part 5 から順番に解いていく場合、Part 5 や Part 6 に時間をかけすぎてしまうと、Part 7 の問題がかなり手つかずの状態になってしまう可能性があります。そこで、各 Part にかける時間を前もってある程度決めておくことが大切です。

目安としては、次のような配分を考えておくとよいでしょう。

パート	設問数	時間	1 問あたりの回答時間
Part 5	30 問	10 分	20 秒
Part 6	16 問	10 分	35 ～ 40 秒
Part 7	54 問	55 分	1 分

ただし、すべての設問を解こうとすると、設問によっては解答に大幅に時間がかかってしまうということが考えられます。一度、時間配分が乱れてしまうと、立て直すのは容易ではなく、結果的に目標スコアの達成が難しくなります。

では、どうすればいいのかというと、設問を「解く問題」と「捨てる、または後回しにする問題」に分けることがポイントになります。つまり、リーディングセクションでも、設問のタイプを見極めるということが重要になってきます。

200問を全42パターンに分類

本書では、全 200 問を設問のタイプごとに 42 のパターンに分類しています。設問のタイプを把握することで、この設問はおそらく難易度が高いとか、解くのに時間がかかりそうだといった予測がつくようになります。ですから、設問によっては、「解くのは後回しにする」あるいは「適当にマークして次へ進む」という戦術が立てやすくなります。

650 点を取るためには、すべての設問に解答する必要はないのです。本書の攻略で解説している設問パターンを頭に入れて、実際の試験の際には時間をかけて解く問題を臨機応変に選ぶようにしてください。

[無料] 音声ご利用方法

方法 1 ストリーミング再生で聞く場合

面倒な手続きなしにストリーミング再生で聞くことができます。

※ストリーミング再生になりますので、通信制限などにご注意ください。
また、インターネット環境がない状況でのオフライン再生はできません。

このサイトにアクセス！

https://soundcloud.com/yqgfmv3ztp15/sets/toeiclr650-1

❶ 上記サイトにアクセス！
スマホなら QR コードをスキャン

❷ アプリを使う場合は SoundCloud にアカウント登録（無料）

● リーディングパートの音声も聞くことができます。

https://on.soundcloud.com/eoj46

方法 2 パソコンで音声ダウンロードする場合

パソコンで mp3 音声をダウンロードして、スマホなどに取り込むことも可能です。（要アプリ）

下記のサイトにアクセス

https://www.cosmopier.com/download/4864541485/

音声は PC の一括ダウンロード用圧縮ファイル（ZIP 形式）でのご提供です。解凍してお使いください。

音声ファイル表

FILE	内容	ページ
1	オープニング	-
2	Part 1 Directions	23-24
3	Part 1 サンプル問題 1-3	32-33
4	Part 1 サンプル問題 1	34
5	Part 1 サンプル問題 2	36
6	Part 1 サンプル問題 3	38
7	Part 1 練習問題 1-4	40-41
8	Part 1 練習問題 1	42
9	Part 1 練習問題 2	42
10	Part 1 練習問題 3	43
11	Part 1 練習問題 4	43
12	Part 1　頻出単語・フレーズ	44
13	Part 2 Directions	46
14	Part 2 サンプル問題 1-8	54
15	Part 2 サンプル問題 1	56
16	Part 2 サンプル問題 2	58
17	Part 2 サンプル問題 3	60
18	Part 2 サンプル問題 4	62
19	Part 2 サンプル問題 5	64
20	Part 2 サンプル問題 6	66
21	Part 2 サンプル問題 7	68
22	Part 2 サンプル問題 8	70
23	Part 2 練習問題 1-12	72
24	Part 2 練習問題 1	74
25	Part 2 練習問題 2	74
26	Part 2 練習問題 3	75
27	Part 2 練習問題 4	75
28	Part 2 練習問題 5	76
29	Part 2 練習問題 6	76
30	Part 2 練習問題 7	77
31	Part 2 練習問題 8	77

FILE	内容	ページ
32	Part 2 練習問題 9	78
33	Part 2 練習問題 10	78
34	Part 2 練習問題 11	79
35	Part 2 練習問題 12	79
36	Part 2　頻出単語・フレーズ	80
37	Part 3 Directions	82
38	Part 3 サンプル問題 1-6	86-87
39	Part 3 サンプル問題 1-3	88
40	Part 3 サンプル問題 4-6	96
41	Part 3 練習問題 1-12	104-107
42	Part 3 練習問題 1-3	108
43	Part 3 練習問題 4-6	112
44	Part 3 練習問題 7-9	116
45	Part 3 練習問題 10-12	120
46	Part 3　頻出単語・フレーズ	124
47	Part 4 Directions	126
48	Part 4 サンプル問題 1-6	130-131
49	Part 4 サンプル問題 1-3	132
50	Part 4 サンプル問題 4-6	140
51	Part 4 練習問題 1-12	148-151
52	Part 4 練習問題 1-3	152
53	Part 4 練習問題 4-6	156
54	Part 4 練習問題 7-9	160
55	Part 4 練習問題 10-12	164
56	Part 4　頻出単語・フレーズ	168
57	Part 5　頻出単語・フレーズ	208
58	Part 6　頻出単語・フレーズ	236
59	Part 7　頻出単語・フレーズ	293
60	英語リズム・トレーニングデモ	300
61	シャドーイングデモ	300

Part 1

写真描写問題の攻略

- Part 1 概要と攻略の流れ …… 22
- Part 1 を解くための文法のポイント …… 28
- Part 1 サンプル問題 …… 32
- パターン 1-1 「1 人」の人物写真 …… 34
- パターン 1-2 「2 人以上」の人物写真 …… 36
- パターン 1-3 風景写真 …… 38
- Part 1 練習問題 …… 40
- Part 1 練習問題の解答と解説 …… 42
- Part 1 頻出単語・フレーズ …… 44

Part 1 概要と攻略の流れ

問題数
6問
目標正解数
6問

⚠全問正解を目指せ！

どういう問題？

写真を描写している4つの文を聞いて、最も適切なものを選ぶ問題です。実際のテストブックには写真しか印刷されておらず、音声は1度しか流れません。

どういう流れ？

❶問題用紙を開く

放送で「ただ今から、リスニングテストを開始いたします」と流れたら、問題用紙のシールを切って待つように指示があります。シールを切って、問題用紙のリスニングテストのページを開きます。

リスニングテストの最初のページには、右のような指示文が印刷されています。しばらくすると、この指示文の音声が流れてきます。

❷ Directions（指示文）の音声が流れる

02

LISTENING TEST

In the Listening test, you will be asked to demonstrate how well you understand spoken English. The entire Listening test will last approximately 45 minutes. There are four parts, and directions are given for each part. You must mark your answers on the separate answer sheet. Do not write your answers in your test book.

PART 1

Directions: For each question in this part, you will hear four statements about a picture in your test book. When you hear the statements, you must select the one statement that best describes what you see in the picture. Then find the number of the question on your answer sheet and mark your answer. The statements will not be printed in your test book and will be spoken only one time.

[音声のみ *1]

Statement (C), "They're sitting at a table," is the best description of the picture, so you should select answer (C) and mark it on your answer sheet.

[音声のみ *2]

指示文の写真のところ［音声のみ *1］で、次の音声が流れます。

02

Look at the example item below.

Now listen to the four statements.
(A) They're moving some furniture.
(B) They're entering a meeting room.
(C) They're sitting at a table.
(D) They're cleaning the carpet.

また、最後の［音声のみ *2］で、次の音声が流れます。

02

Now Part 1 will begin.

【訳】
リスニングテスト
リスニングテストでは、話される英語をどれくらい理解できるかを示すことになります。リスニングテスト全体で約 45 分間です。4 つのパートがあり、指示文がそれぞれのパートにあります。別紙の解答用紙に答えをマークしてください。テストブックに答えを書いてはいけません。

Part 1
指示：
このパートの設問では、テストブックの写真についての 4 つの文を聞きます。文を聞いて、写真に写っている内容を最も適切に描写している 1 文を選んでください。そして、解答用紙の設問番号を探し、答えをマークしてください。4 つの文はテストブックには印刷されておらず、1 度しか流れません。

下の例題を見てください。
それでは、4 つの文を聞いてください。
(A) 彼らは家具を移動させています。
(B) 彼らは会議室に入ろうとしています。
(C) 彼らはテーブルに着いています。
(D) 彼らはカーペットを掃除しています。

(C) の文、They're sitting at a table. がこの写真の最も適切な描写です。 ですから、解答 (C) を選び、解答用紙にマークします。

それでは、Part 1 が始まります。

❷ 設問の音声が流れる

次の音声に続いて、問題 1 の選択肢の文が読まれます。

🔊

No.1: Look at the picture marked No.1 in your test book.

【訳】問題 1：テストブックの 1 と書かれた写真を見てください。

❸ 5 秒間で答えを解答用紙にマークする

4 つの選択肢の音声が流れた後に、解答用紙にマークする時間が 5 秒あります。すばやくマークして、次の設問に備えましょう。

解答用紙

1.	   Ⓓ

攻略の流れ

攻略1 写真をチェックする

写真は大きく3つのタイプに分けることができます。それぞれの写真によってチェックポイントがやや異なります。

写真の種類	チェックポイント
人物が1人のみの写真	人物は女性か、男性か。人物はどんな服装をしているか。 人物は何をしているのか。人物以外には何が写っているか。
複数の人物がいる写真	人物は何人いるか。男性は何人で、女性は何人か。それぞれどんな服装をしているか。それぞれ何をしているのか。 人物はどのような位置関係にあるか。 人物以外には何が写っているか。
人物が写っていない写真	特に目立って写っているアイテムは何か。 各アイテムはどんな状態になっているか。 各アイテムの位置関係はどうなっているか。

また、写真を見たら、どのような単語が聞こえてくるかを予測しておくと、音声にある程度備えることができます。特に、以下の総称を示す単語についてはしっかりと覚えておきましょう。例えば、いくつかのいすが写っている写真で、some chairs を含む選択肢が不正解で、some furniture（家具）が使われている選択肢が正解というパターンがよく出題されるからです。

総称を示す単語	個別の名詞
clothes（衣類）	jacket（ジャケット）/ shirt（シャツ）
equipment（装置）	copy machine（コピー機）/ microscope（顕微鏡）
furniture（家具）	chair（いす）/ table（テーブル）
instrument（楽器）	guitar（ギター）/ piano（ピアノ）
merchandise（商品）	book（本）/ suitcase（スーツケース）
vehicle（車両）	car（自動車）/ truck（トラック）

攻略 2 主語と動詞に注意して選択肢を聞く

選択肢の音声については、特に主語と動詞を聞き逃さないようにしましょう。また、動詞とその後の語句との結びつきが写真と合致しているかどうかがポイントです。

〈例〉

1.

(A) She is making a copy.
(B) She is standing near the table.
(C) She is opening the cabinet.
(D) She is drinking coffee.

【訳】(A) 彼女はコピーを取っています。（正解）
(B) 彼女はテーブルの近くに立っています。
(C) 彼女はキャビネットを開けています。
(D) 彼女はコーヒーを飲んでいます。

Part 1 を解くための
文法のポイント

現在進行形

現在進行形は、「現在起こっている（進行している）こと」を表現する場合に用いられる動詞の形です。

❶現在進行形の基本

現在進行形は、［be 動詞の現在形（am/are/is）＋動詞の現在分詞（-ing）］の形で表します。

> **The man is boarding the airplane.**
> （男性が飛行機に乗ろうとしています）

この例文は、「男性は飛行機に乗る」という動作をしているところで、同時に「まだ乗り終わっていない」という情報を伝えています。

❷状態を表す現在進行形

現在進行形は、現在の状態を表す場合にも使われます。

> **The man is wearing a tie.**
> （男性はネクタイをしています）

この例文では、男性は現在「ネクタイをした状態」にあることを伝えています。一方、「ネクタイを締めている」という動作をしていることを表すには、put on という動詞を使って次のように言います。

> **The man is putting on a tie.**
> （男性はネクタイを締めているところです）

現在完了

現在完了は、[have/has +動詞の過去分詞] の形で表され、主に「完了」「継続」「経験」という 3 つの意味を表します。

❶「完了」を表す現在完了

次の例文のように、「～したところだ」という動作の完了を表す用法です。

The train has just arrived. (電車がちょうど到着したところです)

❷「継続」を表す現在完了

次の例文のように、「ずっと～している」という意味を表す用法です。

I have lived in Kyoto for three years. (私は京都に 3 年間住んでいます)

この例文では、「私はここ 3 年間京都に住んでいて、現在も住んでいる」という情報を伝えています。もし、「現在はすでに京都に住んでいない」のであれば、次のように過去形を使って表します。

I lived in Kyoto for three years. (私は京都に 3 年間住んでいました)

❸「経験」を表す現在完了

次の例文のように、「～したことがある」という意味を表し、過去の経験を現在の視点から表現する用法です。

I have visited the office twice. (私はそのオフィスを 2 回訪問したことがあります)

受動態

受動態は「～される」の意を表し、[be 動詞＋動詞の過去分詞] の形で表現します。

❶ 受動態の基本

能動態の文を受動態にするには、目的語のはたらきをしている語句を主語にして、動詞を [be 動詞＋動詞の過去分詞] の形にします。

能動態

・**Sara submitted the proposal last week.**
主語　動詞　目的語

（Sara はその企画書を先週提出しました）

受動態

・**The proposal was submitted by Sara last week.**
主語　動詞（be 動詞＋動詞の過去分詞）

（その企画書は Sara によって先週提出されました）

❷ 現在進行形の受動態

現在進行形の受動態は、人が物に対して何かの動作を加えている最中であることを示す表現で、[is/are ＋ being ＋動詞の過去分詞] という形で表されます。主語が人でなくても、「誰かが、何かしているところだ」という状況であることを頭に入れましょう。

Merchandise is being unpacked.
（商品が開けられているところです）

主語が人以外で、be 動詞と being が聞こえてきたら、それは現在進行形の受動態です。この場合、言及されていない「人」を「誰かが」という仮の主語にして、能動態の文で理解するとわかりやすくなります。つまり、「誰かが、～しているところだ」と捉えるのです。～には being の次に聞こえてくる動詞の意味を当てはめます。unpacked だったら、元の形 unpack「開梱する、荷をほどく」を～に入れて「誰かが、商品の開梱をしているところだ」と意味をとります。

❸現在完了形の受動態

現在完了の受動態は、過去の一時点である状態にされたまま現在に至っているということです。現在完了形の受動態は［have/has ＋ been ＋動詞の過去分詞］の形で表されます。意味的には、「誰かが、すでに～してある」状態だと理解しましょう。

Some carts have been moved into a corner.
（いくつかのカートが隅に運ばれた状態になっています）

主語が人以外で、have (has) been、そして動詞の過去分詞が続いて聞こえてきたら、現在完了形の受動態です。現在完了形は過去の一時点で起こった事柄や行為が現在に影響をもたらす場合に用いられる時制で、Part 1では、「事物（主語）がすでにある状態になっている」ことを現在完了の受動態で表す文が頻出します。

この文を受動態のまま日本語で理解するのは少しややこしくなるので、「誰かが」という主語を仮に作り、have (has) beenの後の動詞を聞き取って、「誰かが、すでに～した」と理解しましょう。～にはbeenの次に聞こえてくる動詞の意味を当てはめます。movedだったら、「動かす」を～に入れて「誰かが、すでにカートを隅に動かした」、つまり、すでにカートが隅にある状態を描写していると理解します。

Part 1 サンプル問題

03 ファイル **03** の音声を聞いて、それぞれの写真を説明する文として最も適切なものを選び、解答欄の **(A)** ～ **(D)** のいずれかをマークしてください。

1.

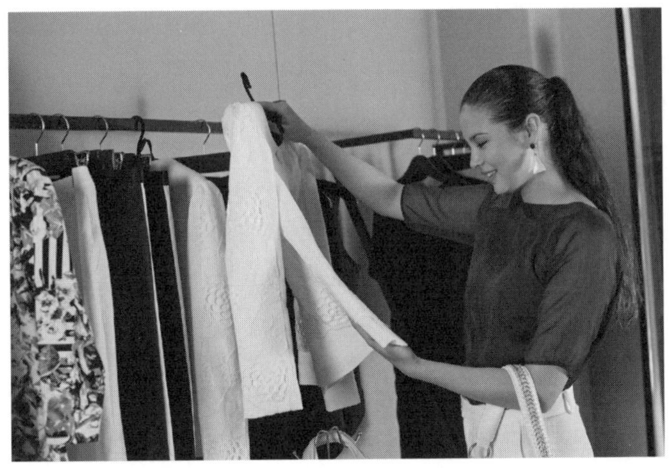

2.

1.	Ⓐ Ⓑ Ⓒ Ⓓ
2.	Ⓐ Ⓑ Ⓒ Ⓓ

3.

3.	 Ⓐ Ⓑ 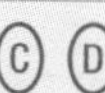 Ⓒ Ⓓ

PART 1 PART 2 PART 3 PART 4 PART 5 PART 6 PART 7

パターン 1-1 難易度 ★☆☆

「1人」の人物写真

動詞の意味を、正確に聞き取る！

04

1. (A) She is putting her jacket on a rack.
(B) She is looking at a jacket.
(C) She is trying on a jacket.
(D) She is washing some clothes.

攻略 1 写真をチェックする

1人の人物の写真では、選択肢は同じ主語で始まることがほとんどです。この場合だと、A woman is か、She is で文が始まると予想して、人物の動作を表す単語を思い浮かべましょう。holding a jacket（ジャケットを持っている）や examining（吟味している）など1、2個でも思いつけばOKです。背後には、いろいろな洋服がラック（rack）にかかっているのが見えます。

【語句】＊数字は上の写真の中にある数字に対応しています。

□ ❶ jacket	【名】上着、ジャケット	□ ❹ hold	【動】持つ
□ ❷ look at	～を見る	□ ❺ clothes	【名】衣服、衣類
□ ❸ examine	【動】～を吟味する	□ ❻ rack	【名】ラック、台

攻略 2 選択肢を聞く

順番に選択肢を聞いていきます。動詞と動詞直後の語句にフォーカスして聞くことがポイントです。

(A) She is putting her jacket on a rack.

Part 1の選択肢は基本的に平叙文で、[主語+動詞] の順に聞こえてきます。1人の人物写真の場合、主語は全選択肢で共通の場合がほとんどなので、動詞とその後の語句との結びつきに注意します。

ここではSheで始まりすぐにis puttingと聞こえてきます。「彼女は置いているところだ」という意味です。put A on Bは「AをBに置く」の意。写真の女性は「置く」動作をしていないので、不正解です。

(B) She is looking at a jacket.

やはりShe isで始まっています。look atは「～を見る」。動詞の直後のa jacket(上着)を見ているので、これが正解です。

(B)をマークする!

(C) She is trying on a jacket.

try onは「～を試着する」の意。女性は試着している最中ではないので不正解です。写真にあるjacketという単語が聞こえてきたからといって、正解と判断してはいけません。

(D) She is washing some clothes.

washは「洗う、洗濯する」の意。即、不正解と判断します。

写真にない物・ない動作が聞こえてきたら、その選択肢は即、不正解と判断してください。

【訳】(A) 彼女は自分のジャケットをラックに置こうとしています。
(B) 彼女はジャケットを見ています。(正解)
(C) 彼女はジャケットを試着しようとしています。
(D) 彼女は衣類を洗濯しています。

パターン 1-2　難易度 ★★☆

「2 人以上」の人物写真

人物の特徴を比較する！

🔊 05

2. (A) The women are sitting side by side.
(B) The women are staring at a screen.
(C) A man is drinking some water from a glass.
(D) A man is collecting some documents.

攻略 1 写真をチェックする

「2 人が女性、1 人は男性」といった複数の人物写真では、それぞれの人物の動作や位置に注意します。例えば、3 人のうち 2 人は「横に並んで座っている（sitting side by side)、向かい合っている（facing each other)、上着を着ている（wearing jackets）など、他者との共通点・相違点に注意してチェックしましょう。

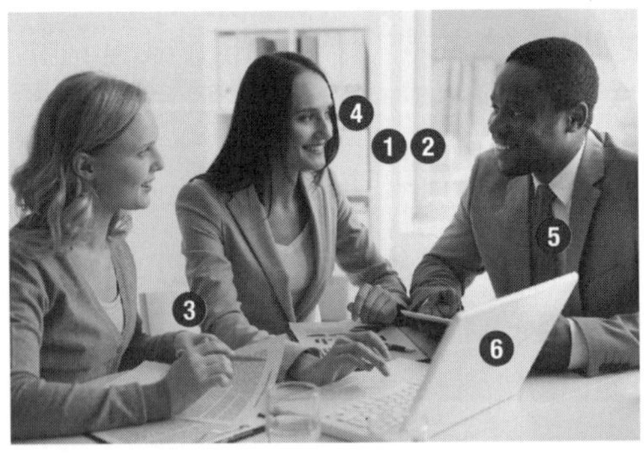

【語句】＊数字は上の写真の中にある数字に対応しています。

□ ❶ talk	【動】話す	□ ❹ face each other	向かい合う
□ ❷ discuss	【動】話し合う	□ ❺ tie	【名】ネクタイ
□ ❸ sit side by side	横に並んで座る	□ ❻ laptop	【名】ノートパソコン

攻略 2 選択肢を聞く

文頭の主語を必ず聞き取り、「誰」について述べているのかしっかり意識して、続く動詞との結びつきをチェックしましょう。

(A) The women are sitting side by side.

主語は「女性たち（複数）」。単数形 woman（ウマン）と複数形 women（ウィミン）の発音の違いに注意しましょう。もしこの差が聞き取れなくても、be 動詞 are から主語は複数形の women と判断できます。2 人の女性は「横に並んで座っている」ので正解です。

(A) をマークする！

(B) The women are staring at a screen.

主語は「女性たち（複数）」。2 人とも男性を stare at（～を見つめる）動作はしていますが、screen（スクリーン、パソコンの画面）を見てはいません。不正解と判断します。

(C) A man is drinking some water from a glass.

主語は「男性」なので、A man が聞こえてきたら写真の男性を注視します。glass（グラス、コップ）に入った water（水）は手前に見えますが、男性も 2 人の女性も水を drink（飲む）動作はしていないので不正解です。

(D) A man is collecting some documents.

主語は「男性」。documents（書類）は手前の女性が持っていますが、男性は書類を collect（～を集める）どころか触れてもいないので不正解です。

(A) を聞いて正解だと自信を持てても、念のため残りの選択肢をすべて聞き終わった後にマークしましょう。思わぬケアレスミスを防げます。

【訳】(A) 女性たちは隣り合って座っています。（正解）
(B) 女性たちはスクリーンを見つめています。
(C) 男性はコップの水を飲んでいます。
(D) 男性は書類を集めています。

パターン 1-3 難易度 ★★★

風景写真

「位置」と「状態」を判断する！

06

3. (A) There is a rake leaning against a fence.

(B) Some gardening equipment has been left outside.

(C) The wheel has been separated from a wheelbarrow.

(D) There is a pile of leaves near a bench.

攻略 1 写真をチェックする

風景や物の写真では、どのアイテムも主語になりうるので、目につく物から順に単語を思い浮かべておきます。選択肢は各アイテムの位置関係（例：A が B の手前にある）や状態（例：自転車が一列に並んでいる）を表すものが大半です。in front of A（A の前に）、behind A（A の後方に）、near A（A の近くに）のような位置を表す前置詞（句）や、lean against A（A に立てかけられている）などを思い出しておきましょう。

【語句】＊数字は上の写真の中にある数字に対応しています。

- ☐ ❶ rake 【名】熊手
- ☐ ❷ wheelbarrow 【名】手押し車
- ☐ ❸ cart 【名】カート
- ☐ ❹ lean against ～に立てかける
- ☐ ❺ trees 【名】木々
- ☐ ❻ pile 【名】（積み上げられた）山

攻略② 選択肢を聞く

風景写真の場合、4つの選択肢の主語はバラバラな場合が多いので、常に文頭の主語をしっかり聞き取り、そのアイテムを見ながら、続く英文を聞きましょう。このとき、主語のアイテムと他のものとの位置関係に注意します。

(A) There is a rake leaning against a fence.

There is (are) は「～がある」の意。rake も fence も写真にありますが、rake が「立てかけられている (lean against)」のは fence ではなく、wheelbarrow（手押し車）なので不正解です。

(B) Some gardening equipment has been left outside.

主語は Some gardening equipment（園芸用具）。rake（熊手）と wheelbarrow（手押し車）を指していると判断して、続きを聞きます。has been left outside は現在完了形の受動態。「誰かが～した状態」と意味をとります。been の後の left の原形 leave は「そのままにしておく」の意。ここでは outside と結びついて「外に置かれたままになっている」の意で、正解です。

(B) をマークする！

(C) The wheel has been separated from a wheelbarrow.

主語は wheel（車輪）。現在完了形の受動態が用いられています。「誰かが～した状態」と理解しましょう。ここでは車輪が separated、つまり「外れている」状態である、ということです。写真と合わないので、不正解です。

(D) There is a pile of leaves near a bench.

これも There is 構文です。a pile of leaves（落ち葉の山）は手前に見えますが、bench は見えないので不正解です。

【訳】(A) 柵に熊手が立てかけてあります。
(B) 園芸用具が外に残されたままになっています。（正解）
(C) 車輪が手押し車から外れたままになっています。
(D) ベンチの近くに落ち葉の山があります。

Part 1 練習問題

07 ファイル 07 の音声を聞いて、それぞれの写真を説明する文として最も適切なものを選び、解答欄の (A) ～ (D) のいずれかをマークしてください。

1.

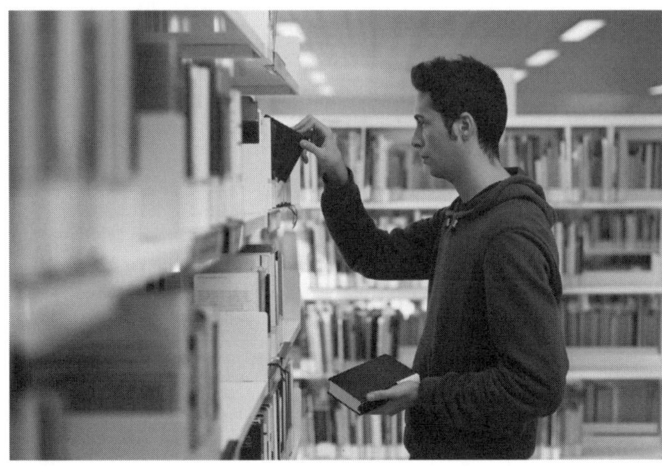

2.

1.	Ⓐ Ⓑ Ⓒ Ⓓ
2.	Ⓐ Ⓑ Ⓒ Ⓓ

3.

4.

3.	Ⓐ Ⓑ Ⓒ Ⓓ
4.	Ⓐ Ⓑ Ⓒ Ⓓ

Part 1 練習問題の解答と解説

1. パターン 1-1 「1 人」の人物写真

08 難易度 ★☆☆

1. (A) A man is holding several books.
(B) A man is putting some books on the floor.
(C) A man is standing in front of some bookshelves.
(D) A man is reading through a book.

【解説】

standing（立っている）、holding a book（本を持っている）、pulling a book（本を引き抜く）などを予想しておきます。

(A) holding は OK ですが、「持っている」といえるのは左手の 1 冊のみで、several books の部分が写真に合いません。(B) の floor（床）、(D) の reading（読んでいる）は写真に見られないので不正解です。

【訳】

(A) 男性は数冊の本を持っています。
(B) 男性は床にいくつかの本を置いています。
(C) 男性は棚の前に立っています。（正解）
(D) 男性は本を読み通しているところです。

【語句】

□ several	【形】いくつかの、数個の
□ put A on B	A を B に置く
□ in front of	【前】～の前に
□ read through	～を読み通す、一読する

2. パターン 1-2 「2 人以上」の人物写真

09 難易度 ★★☆

2. (A) A man is writing in a notebook.
(B) One of the women is handing out water bottles.
(C) One of the women is pointing at the whiteboard.
(D) The women are listening to the presentation.

【解説】

人物は「3 人の女性と 1 人の男性」、動作・様子は「女性たちは座ってプレゼンを見ている」、「男性は立ってボードに何か書きながらプレゼン中」と共通点と相違点を整理しておきましょう。

(A) の動作をしているのは女性なので NG、(B) の water bottles（水の入ったボトル）は写真になく、(C) の動作をしているのは男性なので NG です。

【訳】

(A) 男性はノートに書き込んでいます。
(B) 女性の 1 人は水の入ったボトルを手渡そうとしています。
(C) 女性の 1 人はホワイトボードを指さしています。
(D) 女性たちは発表を聞いています。（正解）

【語句】

□ write in	～に書き込む
□ hand out	～を手渡す
□ point at	～を指さす

3. パターン 1-3 風景写真

🔊 10　難易度 ★★★

3. (A) Lines are being painted on the road.
(B) Pedestrians are walking along the sidewalk.
(C) A trunk door of a vehicle has been opened.
(D) Trees are planted on both sides of the street.

【解説】

風景写真には受動態が頻出します。正しく意味を捉えましょう。

(B) pedestrians（歩行者）、(D) trees（木々）は写真には見えないのでNG。(A) lines（線）は道路（road）にすでに引かれている状態で、現在誰かが引いているわけではないので不正解です。Lines have been painted on the road. なら正解になります。

→ *p*.28 ～ *p*.31「文法のポイント」参照

【訳】

(A) 線が道路に塗られているところです。
(B) 歩行者が歩道を歩いています。
(C) 車のトランクのドアが開いたままになっています。（正解）
(D) 木々が道の両側に植えられています。

【語句】

□ pedestrian	【名】	歩行者
□ sidewalk	【名】	歩道
□ vehicle	【名】	車、乗り物

4. パターン 1-1 「1人」の人物写真

難易度 ★★★

4. (A) A chef is decorating some dishes.
(B) Some dishes are being served to diners.
(C) Kitchen workers are washing pots and pans.
(D) Some vegetables are being removed from a refrigerator.

【解説】

人物写真ですが、料理が写真手前にあるので、物に関係する動作を連想しておきます。

(B) は能動態で「(人が) 料理を客に出している」と捉えます。(D) も同様に「(人が) 野菜を冷蔵庫から出している」と理解しますが、いずれも写真に合わないので不正解です。(C) の pots and pans（鍋類）も写真にないのでNGです。

→ *p*.28 ～ *p*.31「文法のポイント」参照

【訳】

(A) 料理人が料理を盛りつけています。（正解）
(B) いくつかの料理が食事をする人に提供されているところです。
(C) 厨房の従業員が鍋類を洗っています。
(D) 野菜が冷蔵庫から移されているところです。

【語句】

□ decorate	【動】	～を飾る
□ serve	【動】	給仕する、料理などを出す
□ remove	【動】	取り除く、移す

Part 1 頻出単語・フレーズ

🔊 12

頻出単語

□ hold	【動】持つ、抱える	□ load	【動】荷を積む
□ examine	【動】検討する	□ unload	【動】荷を降ろす
□ adjust	【動】調節する	□ pile	【動】積み重ねる
□ repair	【動】修理する	□ wheelbarrow	【名】手押し車
□ sweep	【動】掃く、掃除する	□ staircase	【名】階段
□ replace	【動】交換する	□ mechanic	【名】機械工、修理技師
□ pour	【動】注ぐ	□ walkway	【名】歩道
□ file	【動】整理する	□ drawer	【名】引き出し
□ place	【動】置く	□ (photo)copier	【名】コピー機
□ wrap	【動】包む、包装する	□ intersection	【名】交差点
□ unwrap	【動】包みを開ける	□ railing	【名】手すり
□ unlock	【動】解錠する	□ shelf	【名】棚
□ pack	【動】詰める	□ display	【名】【動】展示 / 展示する
□ unpack	【動】荷を解く	□ vehicle	【名】車両、車
□ unfold	【動】広げる	□ warehouse	【名】倉庫

頻出フレーズ

□ tower over
～にそびえ立つ

□ lean against
～に寄りかかる、もたれる

□ point at
～を指さす

□ be lined up
一列に並べられている

□ be arranged on
～に並べられている

□ be propped against/on
～に立てかけられている

□ be stacked on
～に積み重ねられている

□ be scattered on
～に散らばっている

□ on top of
～の上に

□ in front of
～の前に

□ next to
～の隣に

□ in a row
一列に

□ side by side
横一列に

□ a pile of
山積みになった～

Part 2

応答問題の攻略

- Part 2 概要と攻略の流れ 46
- Part 2 を解くための文法のポイント 50
- Part 2 サンプル問題 54
- パターン 2-1 疑問詞を使った疑問文 56
- パターン 2-2 be 動詞を使った疑問文 58
- パターン 2-3 助動詞を使った疑問文 60
- パターン 2-4 選択疑問文 62
- パターン 2-5 付加疑問文 64
- パターン 2-6 否定疑問文 66
- パターン 2-7 勧誘・提案の表現 68
- パターン 2-8 平叙文 70
- Part 2 練習問題 72
- Part 2 練習問題の解答と解説 74
- Part 2 頻出単語・フレーズ 80

Part 2 概要と攻略の流れ

問題数
25問
目標正解数
19問

7割以上の正解を目指せ！

どういう問題？

1つの質問文（疑問文または平叙文・感嘆文・命令文）と、それに続く3つの返答を聞いて、3つの返答のうち最もふさわしい答えを選ぶ問題です。

どういう流れ？

❶ Directions（指示文）の音声が流れる

最初に下記の Directions（指示文）の音声が流れます。

13

PART 2

Directions: You will hear a question or statement and three responses spoken in English. They will not be printed in your test book and will be spoken only one time. Select the best response to the question or statement and mark the letter (A), (B), or (C) on your answer sheet.

【訳】PART 2

指示：英語で読まれる質問文または文、そして3つの応答が流れます。音声の英文はテストブックに印刷されておらず、1度しか流れません。質問文または文に対する最もふさわしい応答を選び、解答用紙の (A)、(B) または (C) の記号をマークしてください。

続いて、音声のみで次のアナウンスが流れます。

Now let us begin with question number 7.

【訳】問題7から始めましょう。

❷ 設問の音声が流れる

テストブックには、7. の問題は次のように印刷されています。

7. Mark your answer on your answer sheet.

【訳】7. 解答用紙にあなたの答えをマークしてください。

設問では、最初に質問文の音声が流れます。

〈例〉

No.7 Who's the head of the marketing department?

【訳】No.7 誰がマーケティング部の部長ですか。

続いて、3 つの選択肢の音声が流れます。

〈例〉

(A) Mr. Shin is.
(B) Yes, I'm meeting them in the afternoon.
(C) I moved to a new apartment.

【訳】(A) Shin さんです。（正解）
(B) はい、午後に彼らと会います。
(C) 私は新しいアパートに引っ越しました。

❸ 5 秒間で答えを解答用紙にマークする

3 つの選択肢の音声が流れた後に、解答用紙にマークする時間が 5 秒あります。すばやくマークして、次の設問に備えましょう。

解答用紙 | 7. Ⓐ Ⓑ Ⓒ

攻略の流れ

攻略 1 疑問詞を使った疑問文

主な質問のパターンは以下の 8 つです。相手がどんなことを求めているのかを考えて聞くことが大切です。

質問のパターン	求めている情報
疑問詞を使った疑問文	疑問詞で尋ねている情報（例：Where ～？なら「場所」）
be 動詞を使った疑問文	主語について Yes/No を尋ねる
助動詞を使った疑問文	Yes/No を尋ねる、許可を求める、依頼・提案をする
選択疑問文	2つ以上の選択肢を提示して、相手に意見を求める
付加疑問文	Yes/No を尋ねている内容の確認を求める
否定疑問文	主語について確認を求める
勧誘・提案の表現	相手を勧誘する、相手に提案する
平叙文	相手に意見を求める

質問文の冒頭をチェックして問題のパターンを見極めていきましょう。

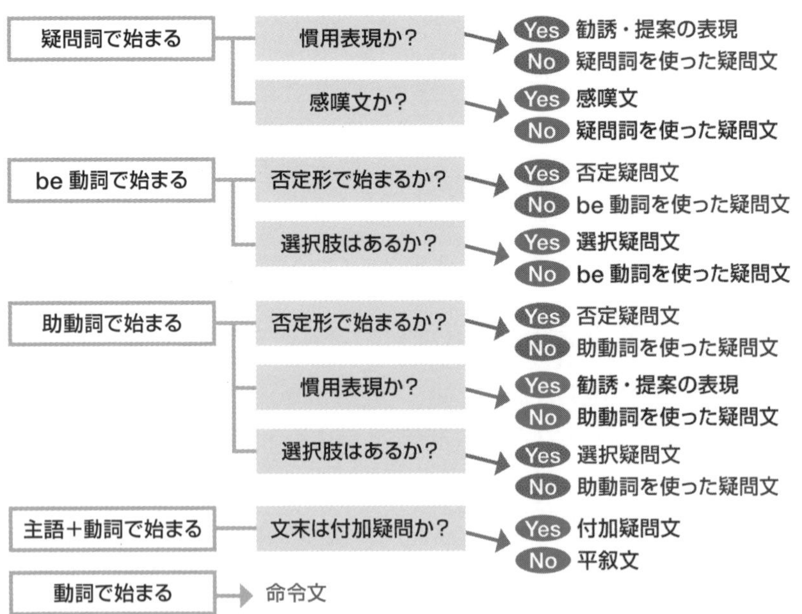

攻略 2 質問から状況をイメージする

質問が聞こえてきたら、どんな場所で行われている応答なのかをイメージしましょう。例えば、以下の質問を聞くことができるのは、どこでしょうか。

Do you have any seats available for tonight's performance?

これはおそらく劇場のチケット売り場で、チケットを求める人の発言だと考えられます。「今夜の公演のチケットはありますか」という意味で、seats や tonight's performance といった単語が含まれているのが大きなヒントになります。

なぜ場所をイメージするのが大切かというと、返答のパターンが予測できるからです。上記の質問であれば、Sorry, the seats are sold out.（すみません、全席完売です）や Sure. How many?（かしこまりました。何枚ですか）といった返答が考えられます。

攻略 3 適切な返答を選ぶ

質問の返答には、直接的な返答と非直接的な返答があります。直接的な返答とは、例えば「週末のワークショップには参加されますか」という質問に、「いえ、参加する予定はありません」と答えるパターンです。これは、それほど難易度は高くありません。それに対して、非直接的な返答は、「参加できない」と答える代わりに「実はその日は出張なんです」と答えるパターンです。質問の意図をしっかりと理解していないと、正解が選べないので難易度は高くなります。

A: Are you going to attend the workshop this weekend?
B: Actually, I'm out of town then.

文法のポイント

疑問文

Part 2からは、疑問文が登場します。ここでは、疑問文を6つのタイプに分類し、それぞれどんな機能があるのかを簡単に整理します。

❶ 疑問詞を使った疑問文

疑問詞で始まる疑問文ですが、主に以下の13パターンがあります。

種類	主な意味
When～?	「いつ～する（した）か」「～はいつか」
Where～?	「どこで～する（した）か」「～はどこか」
Who～?	「誰が～する（した）か」「～は誰か」
What～?	「何を～する（した）か」「～は何か」
Which～?	「どれを～する（した）か」「～はどれか」
Why～?	「どうして～する（した）か」「～はなぜか」
How～?	「どれくらい～する（した）か」「～はどんなか」
How many～?	「～は何人（いくつ）か」
How much～?	「～はいくらか?」
How long～?	「どれくらいの時間～する（した）か」
How often～?	「どれくらいの頻度で～する（した）か」
How far～?	「～はどれくらいの距離か?」
How soon～?	「あとどれくらいで～する（した）か」

冒頭の疑問詞を聞き取ることで、質問文が何を尋ねているのかがわかります。逆に言えば、疑問詞を聞き逃してしまうと、尋ねていることがわからなくなってしまいます。例えば、次の例では冒頭の疑問詞以外に違いはなく、疑問詞がwhenかwhereかで、正解の返答も変わってしまいます。

・**When will the meeting be held?**（会議はいつ開かれますか）
・**Where will the meeting be held?**（会議はどこで開かれますか）

❷ be 動詞を使った疑問文

be 動詞で始まる疑問文には、主に以下のようなパターンがあります。

種類	主な意味
Am I ~?	「私は~ですか」
Are you/we/they ~?	「あなた / 私たち / 彼らは~ですか」
Is ~?	「~ですか」

be 動詞で始まる疑問文には、Yes か No で答えるのが基本です。

Are you in Sales? (あなたは営業部ですか)
No, I'm in Marketing. (いえ、マーケティング部です)

❸ 助動詞を使った疑問文

助動詞を使った疑問文には、主に以下のようなパターンがあります。be 動詞で始まる疑問文と同様、Yes か No で答えるのが基本です。

種類	主な意味
Do ~?	「~しますか」
Did ~?	「~しましたか」
Have/Has ~?	「~しましたか」「~したことがありますか」
Can you ~?	「~できますか」「~してもらえますか」(依頼)
Can I/we ~?	「~してもいいですか」(許可を求める)
Could you ~?	「~していただけますか」(依頼)
Could I/we ~?	「~してもよろしいですか」(許可を求める)
Will you ~?	「~してもらえますか」(依頼)
Would you ~?	「~してくださいますか」(依頼)
Should I/we ~?	「~するべきですか」「~しませんか」(提案)
May I ~?	「~してもよろしいですか」(許可を求める)

❹ 選択疑問文

選択疑問文は、be 動詞を使った疑問文、または助動詞を使った疑問文の中に、2 つ以上の選択肢を提示して、相手に意見を求める場合に用いられます。

> **Are you in Sales or Marketing?**
> (あなたは営業部ですか、それともマーケティング部ですか)

返答には、どちらかの選択肢を答える直接的なパターンか、「どちらでも」あるいは「どちらについても触れない」という非直接的なパターンがあります。また、どちらか 1 つの選択肢を否定することで、もう 1 つの選択肢を選ぶ間接的なパターンもあります。

❺ 付加疑問文

付加疑問文は、平叙文の末尾に aren't they? や right? などの語句が付加された文で、「そうですよね」と確認する意図が加わります。

> **You attended the party last night, didn't you?**
> (昨夜のパーティーには出席されたのですよね)

返答は、Yes/No 疑問文に対する応答と同様、Yes や No は必ずしも必要ありません。

❻ 否定疑問文

否定語で始まる疑問文は、肯定の応答を話者が期待するときに用いられます。

> **Weren't you nervous before the race?**
> (レースの前、緊張していませんでしたか)

ただ、Part 2 においては、肯定の疑問文と同じものとして意味を捉えるようにしましょう。上記の例であれば、Were you nervous before the race?(レースの前、緊張していましたか)と理解します。これに対する応答は、普通の Yes/No 疑問文同様、実際の状況に即していれば Yes、そうでなければ No に類する表現になります。

時制

Part 2 攻略のためには、①現在進行形で予定を表す表現、②現在完了形 vs. 過去形、③ will の用法を押さえておきましょう。

❶現在進行形で予定を表す

現在進行形［be 動詞 (am/are/is) ＋動詞の ing 形］は、「今～しているところです」の意を表します。Part 2 でよく出題されるのは、現在進行形で予定を表す用法です。［be going to ＋動詞の原形］と同じ意味を表します。

Who's giving a keynote speech in the conference next month?
(来月のカンファランスで基調講演をするのは誰ですか)

❷現在完了形 vs. 過去形

現在完了形とは［have/has ＋動詞の過去分詞］の形で、過去のある一時点の出来事が現在に影響を与えているときに用います。

・過去形＝「点」のイメージ

Did you submit the proposal?
(企画書は提出しましたか)

→質問文の関心事は、「あなたが企画書を提出したか」どうかです。

・現在完了形＝「線」のイメージ

Have you submitted the proposal?
(もう企画書は提出しましたか)

→まだ提出していないのではという懸念があるときや、企画書提出後どうなったかを気にしているときなど、現在との関わりがある場合に用いられます。

Part 2 サンプル問題

14 ファイル 14 の音声を聞いて、質問または発言に対する応答として適切なものを選び、下記の解答欄の (A) ～ (C) のいずれかにマークしてください。

1. Mark your answer on your answer sheet.

2. Mark your answer on your answer sheet.

3. Mark your answer on your answer sheet.

4. Mark your answer on your answer sheet.

5. Mark your answer on your answer sheet.

6. Mark your answer on your answer sheet.

7. Mark your answer on your answer sheet.

8. Mark your answer on your answer sheet.

1.	Ⓐ Ⓑ Ⓒ	5.	Ⓐ Ⓑ Ⓒ
2.	Ⓐ Ⓑ Ⓒ	6.	Ⓐ Ⓑ Ⓒ
3.	Ⓐ Ⓑ Ⓒ	7.	Ⓐ Ⓑ Ⓒ
4.	Ⓐ Ⓑ Ⓒ	8.	Ⓐ Ⓑ Ⓒ

NO TEST MATERIAL ON THIS PAGE

パターン 2-1　難易度 ★☆☆

疑問詞を使った疑問文

冒頭の疑問詞を聞き逃すな！

15

1. Where did you store the extra party hats?

(A) Last Sunday.

(B) In the closet, I think.

(C) I really enjoyed the party.

【訳】余ったパーティーハットはどこに置いてありますか。
(A) 先週の日曜日です。
(B) クローゼットの中だと思います。（正解）
(C) パーティーはとても楽しかったです。

攻略 1 質問文が求めていることを読み取る

Where did you store the extra party hats?

疑問詞の where があるので、「疑問詞を使った疑問文」のパターンです。疑問詞を使った疑問文では、まず疑問詞を聞き取ることが大切です。特に When ～？と Where ～？は似ているので、間違えないようにしましょう。

Where ～？は、「～はどこか？」という意味ですから、質問した相手は「場所」について尋ねていることを頭に入れておきましょう。

攻略 2 質問から状況をイメージする

何の場所を尋ねているのかというと、「あなたが予備のパーティーハットをしまった場所」です。質問した相手は、「パーティーハットが必要になってその保管場所を尋ねている」という状況にあると考えられます。

攻略 3 適切な返答を選ぶ

(A) Last Sunday.

この選択肢は、「先週の日曜日です」という意味です。質問した相手は、「場所」を尋ねているので、曜日を答えているこの返答では意味が通じません。よって、明らかに不正解です。

(B) In the closet, I think.

in the closet は「クローゼットの中」という意味で、「場所」を示していますので、これが正解です。In the closet. でも正解ですが、I think をつけた場合は、「だと思います」とか「～じゃないかな」といった感じで、「断定を和らげる」意味を添えることができます。

(B) をマークする！

(C) I really enjoyed the party.

意味は「私は本当にそのパーティーを楽しみました」で、相手はパーティーの感想を聞いているわけではないので不正解です。質問文と同一の語であるparty が使われているからといって、安易に選ばないようにしましょう。

(B) を聞き終えた時点で、(B) を正解だと判断していい問題です。質問の疑問詞 where が聞き取れれば、正解を選べる問題です。

【語句】

□ store	【動】しまっておく
□ extra	【形】予備の
□ closet	【名】クローゼット、戸棚

パターン 2-2　難易度 ★☆☆

be 動詞を使った疑問文

最初の 3 語で文意を把握する！

16

2. Are you free to talk now?

(A) No, it's not free.

(B) His talk was very impressive.

(C) Yes, I'd be happy to.

【訳】今話してもいいですか。
(A) いいえ、それは無料ではありません。
(B) 彼の講演はとても印象的でした。
(C) はい、喜んで。（正解）

攻略 1 質問文が求めていることを読み取る

Are you free to talk now?

be 動詞から始まる疑問文では、文頭の be 動詞とそれに続く 2 語が特に大事です。この 3 語が「時制」「主語」「状況」を教えてくれるからです。ここでは Are you free の部分が特に重要で、「あなたは時間がありますか」という意味を表します。

注意したいのが、be 動詞を使った疑問文でも、パターン 2-4 の選択疑問文になっている可能性があるということです。その判断をするためには、文末までしっかり聞くこと。文末にかけて、“or”（または～）と選択肢を提示している部分があるかないかしっかり確認しましょう。

攻略❷ 質問から状況をイメージする

be free to do は「～する時間がある」の意で、文全体では「今、あなたには話す時間がありますか」つまり「今、話せますか」と聞いています。応答は、時間があれば Yes.、時間がなければ No. になると、質問文を聞いた段階で状況をイメージしておきましょう。

攻略❸ 適切な返答を選ぶ

(A) No, it's not free.

No, だけなら「今、話す時間がない」という意味になるので応答として成立しますが、it's not free.「それは無料ではない」の部分が意味不明なので不正解です。it が指すものがわからないうえ、文意も質問文とかみ合いません。質問文に含まれている free をトラップ（ワナ）として仕込んだ誤答選択肢です。

(B) His talk was very impressive.

「彼のトークはとても素晴らしかった」という意味で、やはり質問に答えていないので不正解です。His talk（彼のトーク）の部分を聞いたとたんに NG だと判断してください。代名詞は名詞の代わりをするもの。he や his など、3 人称の代名詞はそれ以前に名詞が出てこない限り使われることはありません。質問文中にもある talk という語を使ったトラップになっています。

(C) Yes, I'd be happy to.

「はい、話せますよ」という意味で正解です。2 つの誤答選択肢は、両方とも、質問文中の語を含むトラップが仕込まれていましたね。質問文中の語を含む語がすべて誤答選択肢というわけではありませんが、多くは誤答選択肢に誘導するワナになっています。注意しましょう！　もちろん (C) が正解です。

(C) をマークする！

【語句】

- □ talk 【名】講演、演説
- □ impressive 【形】印象的な

PART 1 | PART 2 | PART 3 | PART 4 | PART 5 | PART 6 | PAaRT 7

パターン 2-3　難易度 ★★☆

助動詞を使った疑問文

最初の 3 語で文意を把握する！

17

3. Did you hear about the internship program?

(A) Yes, from a friend of mine.

(B) He worked as an intern last month.

(C) Yes, it has a large readership.

【訳】インターンシップ制度について聞きましたか。
(A) はい、私の友人から。（正解）
(B) 彼はインターンとして先月働いていました。
(C) はい、それは多くの読者を抱えています。

攻略 1 質問文が求めていることを読み取る

Did you hear about the internship program?

質問文は Did から始まっています。Do、Does、Did、Can、Could などの助動詞から始まる疑問文では、文頭からの 3 語、つまり「助動詞＋主語＋動詞」をしっかり聞き取ることが肝心です。ここでは Did you hear の部分を確実に聞き取り、「あなたは聞きましたか」という意味を押さえます。また Did で始まる文の時制は過去であることも聞いてすぐ理解できるようになりましょう。

また、助動詞から始まる疑問文の場合、パターン 2-4 の選択疑問文である可能性や、Can ～？や Would ～？などであればパターン 2-7 の勧誘・提案の表現である可能性もあります。文末までしっかり聞いて、これらのパターンでないことも確認してください。

攻略 2 質問から状況をイメージする

Did you hear という最重要部分を補足しているのが、その直後の about the internship program の部分です。hear about は「～について聞く」の意。つまり「インターシップ・プログラムについて、あなたは聞きましたか」と尋ねているのです。

攻略 3 適切な返答を選ぶ

(A) Yes, from a friend of mine.

Yes と聞こえてきました。正解かもしれませんね。続く from a friend of mine（友人の1人から）を聞き取ります。質問に対応しているので、正解です。from の前に I heard（私は聞きました）が省略されている文だと考えてください。

(A) をマークする！

(B) He worked as an intern last month.

応答文も冒頭の主語と動詞が重要です。ここでは He worked の部分をしっかり聞き取ります。すると、He が誰のことなのか不明なうえ、文全体として「あなたは聞きましたか」に答えていないので不正解だとわかります。質問文中の internship と同じグループの語 intern を使用したトラップです。

(C) Yes, it has a large readership.

文頭の Yes だけなら適切な応答です。でも、それに続く it has a large readership が不適切なので不正解です。it は質問文の internship program「インターンシップ・プログラム」を指していると考えることはできますが、これと「多数の読者を持っている」という点はかみ合いませんね。

【語句】

□ internship【名】インターンシップ
□ intern【名】研修生、インターン
□ readership【名】読者数

パターン 2-4 難易度 ★★★

選択疑問文

orの前後の選択肢を聞き取る！

18

4. Should we try to find a hotel near the airport, or go downtown?

(A) I'm sorry, but we are fully booked.

(B) It'll be too late to go into the city.

(C) This is the biggest port in Canada.

【訳】空港近くでホテルを探したほうがいいですか、それとも中心街へ行ったほうがいいですか。

(A) 申し訳ありません、すべて予約済みです。

(B) 町へ行くには遅くなりすぎています。（正解）

(C) ここはカナダで一番大きな港です。

攻略1 質問文が求めていることを読み取る

Should we try to find a hotel near the airport, or go downtown?

文の冒頭に注意して聞くと、助動詞 Should から始まる文だということが把握できます。Should we try to find a hotel near the airport? であれば、助動詞を使った疑問文で、「空港近くでホテルを見つけようとしたほうがいいですか（見つけましょうか）」という意味です。しかし、or 以下で別の選択肢が示され、「それとも～したほうがいいですか」と続いています。try to find a hotel near the airport と go downtown が 2 つの選択肢として示されていることを、or をキーワードに聞き取りましょう。

応答はこのどちらかを選ぶか、あるいはそのどちらでもないと答える場合が主なパターンです。

攻略2 質問から状況をイメージする

このShould we ～？は「～しましょうか」と提案を示すフレーズ。提案内容は「空港近くでホテルを探す」または「中心街に行く→中心街に行ってホテルを探す」の2つです。つまり、宿泊先をどうするか、ということを尋ねています。

攻略3 適切な返答を選ぶ

(A) I'm sorry, but we are fully booked.

「すみません、すべて予約済みです」という意味です。これは、「（ホテルの部屋や乗り物の座席を）予約したいのですが」に対する応答文と考えられるので、不正解です。fully booked（すべて予約済み）という、質問文にあるhotelに関連した内容を仕込んだトラップです。

(B) It'll be too late to go into the city.

「街中に行くにはもう遅すぎる」と、go downtown（中心街に行く）という選択肢を否定しているので、正解です。一見、質問文で提示された選択肢のどちらにも関連がないようですが、「空港近辺でホテルを探しましょう」と答えているわけですね。

(B) をマークする！

(C) This is the biggest port in Canada.

「これがカナダで最大の港です」では、質問文と内容がかみ合いません。質問文中のairport（空港）に似た語port（港）がトラップとして仕込まれた誤答選択肢です。

【語句】

□ downtown	【名】	繁華街、商業地区
□ book	【動】	～を予約する
□ port	【名】	港

パターン 2-5 難易度 ★★★

付加疑問文

[主語＋動詞] と文末に注意！

19

5. You had to pay the parking ticket, didn't you?

(A) Yes, it was 50 dollars.

(B) You can park in front of the store.

(C) I try to abide by the law.

【訳】駐車違反切符の支払いをしなくてはならなかったんですよね？
(A) はい、50 ドルでした。（正解）
(B) その店の前に駐車できます。
(C) 法律に従おうと思います。

攻略 1 質問文が求めていることを読み取る

You had to pay the parking ticket, didn't you?

文の冒頭部をしっかり聞き取り、[主語＋動詞] で文意を把握することがまず重要です。ここでは You had to pay を聞いて「あなたは支払わなければならなかった」という意味だとすぐに理解できるようになりましょう。さらに文末まで聞くと、didn't you?「でしたよね」がついていて、付加疑問文であることがわかります。[付加疑問文＝確認を求めている文] と理解しておいてください。

攻略 2 質問から状況をイメージする

had to pay の後に the parking ticket（違反切符）という語句がありますが、この部分がはっきりわからなくても正解できます。文を聞いて「～を支払わなければならなかったんですね」という大まかなイメージを持てれば OK です。

攻略 3 適切な返答を選ぶ

(A) Yes, it was 50 dollars.

Yes に続いて、it was 50 dollars「50 ドルでした」と過去時制で支払った額面を答えていて、質問文とつじつまが合うので正解です。Yes や No で始まる文は、付加疑問文に対する模範的な応答文ですが、Yes/No がなくても成立することがほとんどです。正解のカギは Yes/No の存在ではないことにも留意しておきましょう。

(A) をマークする！

(B) You can park in front of the store.

「店の前に駐車できます」という意味で、すでに違反切符を払ったかどうかを確認している質問文に合わないので不正解です。質問文にある parking の類語 park「駐車する」という類語トラップに注意しましょう。

(C) I try to abide by the law.

違反切符を支払ったかどうか尋ねている質問文に対し、「法律を守ろうとしています」という応答は不適切なので、不正解です。abide by は「～に従う」の意。質問文の parking ticket（違反切符）の関連語トラップです。

【語句】

□ parking ticket	【名】駐車違反切符
□ park	【動】駐車する
□ abide by	～に従う

パターン 2-6 難易度 ★★★

否定疑問文

「～ですか」とシンプルに理解する!

🔊 20

6. Didn't we go over these job applications already?

(A) Yes, but I just wanted to double-check.

(B) It will make the process too complicated.

(C) The job market is really bad for college graduates.

【訳】まだこれらの求人応募書類に目を通していませんでしたか?
(A) ええ、見ましたが、再確認したいと思っていました。(正解)
(B) それによって手順が複雑になります。
(C) 大学の卒業生にとって、求人市場は本当に悪いです。

攻略 1 質問文が求めていることを読み取る

Didn't we go over these job applications already?

Didn't、Aren't、Shouldn't など、冒頭が助動詞や be 動詞の否定形で始まる否定疑問文。意味の解釈がなんだかややこしそうですが、冒頭で否定語が聞こえてきたらシンプルに、ひとまず not がないものとして意味をとりましょう。つまり、Didn't = Did、Aren't = Are、Shouldn't = Should として理解してください。応答も not がない場合と変わりません。

否定疑問文は話者が相手に同意を期待するときに用いられます。正解するためには、シンプルに疑問文の意味を理解しておくのが得策です。

攻略 2 質問から状況をイメージする

Didn't を Did に読み替えて、Did we go over these job applications already?（私たちはもうこの求人応募書類を一通り見ましたか）とシンプルに意味を捉え直しましょう。応募書類の山を前に「これはもう審査したか」「まだこれから審査が必要なのか」と確認している状況がイメージできれば OK です。

攻略 3 適切な返答を選ぶ

(A) Yes, but I just wanted to double-check.

質問文は Yes/No 疑問文の一種ですから、Yes/No で始まる点は OK。さらに「でも、再確認したかったのです」と Yes と答えた理由を付け加えています。double-check は動詞。その対象は質問文中の job applications（求人応募書類）だとするとつじつまが合いますから、これが正解です。

(A) をマークする！

(B) It will make the process too complicated.

make A B は「A をBにする」の意。ここでは A が the process で、B が too complicated です。文全体として「それがプロセスをとても複雑にします」という意味になります。「応募書類」から「選考する過程が複雑だ」と関連づけることはできますが、「応募書類を見たか」という質問文には答えていません。

(C) The job market is really bad for college graduates.

「就職市場は大卒生にとってかなり厳しい」の意で、(B) と同じく質問文の job applications（求人応募種類）の関連語トラップが仕込まれています。書類を見たかどうか聞いている質問文には合わないので不正解です。

【語句】

□ go over	～を詳しく見る	□ process	【名】過程、手順
□ application	【名】応募書類、申込書	□ complicated	【形】複雑な
□ double-check	【動】再確認する	□ job market	求人市場

パターン 2-7 難易度 ★★☆

勧誘・提案の表現

慣用表現に注意して意味を把握！

🔊 21

7. Let's make the dinner reservation for eight o'clock because some of the guests live far away.

(A) At an Italian restaurant.

(B) It was about food preservation.

(C) That sounds like a good idea.

【訳】数名の招待客が遠くに住んでいるので、ディナーの予約は8時にしましょう。
(A) イタリアンレストランで。
(B) それは食品保存についてでした。
(C) それがよさそうですね。（正解）

攻略 1 質問文が求めていることを読み取る

Let's make the dinner reservation for eight o'clock because some of the guests live far away.

Let's ～は「一緒に～しましょう」の意で、Let's の後には動詞の原形が続きます。ここでは make the dinner reservation for eight o'clcok をかたまりで捉え、「ディナーの予約は8時にしましょう」という意味だと理解してください。

攻略2 質問から状況をイメージする

because 以下には［主語＋動詞］が続き、理由を説明しています。ここでは some of the guests（ゲストの何人か）が主語、動詞は live（住んでいる）。文全体で、「遠方から来るゲストがいるからディナーの予約を 8 時（遅め）にするのだな」とイメージしましょう。because 以下が聞き取れなくても、文の前半をしっかり理解できれば正解のチャンスはあります。

攻略3 適切な返答を選ぶ

(A) At an Italian restaurant.

at は「～で」「～に」と場所や時間を表す前置詞で、ここではもちろん場所を表しています。質問文中に dinner reservation「ディナーの予約」という語句があるので、話題に関連性があると感じられつい選択してしまいがちです。でも、質問文の意図は「予約は 8 時にしましょう」ということでしたね。レストラン選びがトピックではないので、不正解です。

(B) It was about food preservation.

It's about ～は「～についてです（でした）」と話題を示すフレーズです。レストランの予約時刻について話している質問文とかみ合っていないので、不正解です。reservation に似た preservation がトラップになっています。

(C) That sounds like a good idea.

文全体で「それはよさそうですね」の意。同じ文意の Sounds good. や That sounds good. と並ぶ頻出フレーズです。質問文が提案している「8 時に予約しましょう」に賛意を示していて会話が成立しているので、正解です。

(C) をマークする！

【語句】

□ reservation	【名】予約
□ preservation	【名】保存

パターン 2-8 難易度 ★★☆

平叙文

[主語＋動詞] で意図をつかむ！

22

8. A shipment of screwdrivers just arrived.

(A) Will three o'clock work for you?
(B) No, I don't have a driver's license.
(C) Great. We need them for tomorrow.

【訳】配送品のねじ回しがちょうど届きました。
(A) あなたは３時で大丈夫ですか。
(B) いいえ、私は運転免許証を持っていません。
(C) よかった。明日それが必要なんです。（正解）

攻略 1 質問文が求めていることを読み取る

A shipment of screwdrivers just arrived.

文の基本は主語と動詞。「だれが何をした」「何がどうなる」をしっかり押さえましょう。文頭が疑問詞や助動詞・be 動詞でなければ、それはほとんどの場合、主語の一部です。この文では shipment（配送品）が主語、動詞は arrived（到着した）です。

攻略 2 質問から状況をイメージする

screwdriver（ねじ回し）をきちんと聞き取れなくても、「何かの配送品が到着した」というイメージが描ければ、正解はもうすぐそこです。わからない単語に振り回されると正解できるものもできなくなってしまいます。わからないものは、わからなくて大丈夫とスルーできるメンタルも正解力には必要です。

攻略 3 適切な返答を選ぶ

(A) Will three o'clock work for you?

最初の Will が聞き取りづらいかもしれませんが、イントネーションから疑問文だと理解しましょう。work for you は「あなたにとって都合がいい」の意。会議の時間設定やアポをとるときの会話に必須のフレーズです。配送品の到着とは無関係なので、不正解です。

(B) No, I don't have a driver's license.

「運転免許証を持っていません」という内容は配送品の到着とは関係ないので、不正解です。質問文中の screwdriver に似た driver's という単語のトラップが仕掛けられた誤答選択肢です。

(C) Great. We need them for tomorrow.

Great. は相手の発言に対し「よかった」「素晴らしい」と賛意や称賛を表します。ここでは続いて「明日必要だから」と Great. と思う気持ちを説明しています。文中の them は配送品の screwdrivers を指していて、すでに届いたことを喜ぶ気持ちを説明していると理解できるので、正解です。

(C) をマークする！

【語句】

□ shipment	【名】	配送品
□ screwdriver	【名】	ねじ回し
□ driver's license	【名】	運転免許証

Part 2 練習問題

23 ファイル 23 の音声を聞いて、質問または発言に対する応答として適切なものを選び、下記の解答欄の (A) ～ (C) のいずれかにマークしてください。

1. Mark your answer on your answer sheet.

2. Mark your answer on your answer sheet.

3. Mark your answer on your answer sheet.

4. Mark your answer on your answer sheet.

5. Mark your answer on your answer sheet.

6. Mark your answer on your answer sheet.

7. Mark your answer on your answer sheet.

8. Mark your answer on your answer sheet.

9. Mark your answer on your answer sheet.

10. Mark your answer on your answer sheet.

11. Mark your answer on your answer sheet.

12. Mark your answer on your answer sheet.

1.	Ⓐ Ⓑ Ⓒ	5.	Ⓐ Ⓑ Ⓒ	9.	Ⓐ Ⓑ Ⓒ
2.	Ⓐ Ⓑ Ⓒ	6.	Ⓐ Ⓑ Ⓒ	10.	Ⓐ Ⓑ Ⓒ
3.	Ⓐ Ⓑ Ⓒ	7.	Ⓐ Ⓑ Ⓒ	11.	Ⓐ Ⓑ Ⓒ
4.	Ⓐ Ⓑ Ⓒ	8.	Ⓐ Ⓑ Ⓒ	12.	Ⓐ Ⓑ Ⓒ

NO TEST MATERIAL ON THIS PAGE

1. パターン 2-1 疑問詞を使った疑問文

24　難易度 ★☆☆

1. When should we submit the final draft?

(A) To the project manager.

(B) In your office.

(C) By next Tuesday.

【解説】

Whenで始まる疑問詞疑問文は「時」を尋ねています。疑問詞の次の3語should we submitまでしっかり聞きましょう。疑問詞と合わせて「いつ提出すべきか」と尋ねていることがわかりますね。

選択肢の中で時を答えているのは (C) だけです。byは時を表す語句とともに用いると「〜までには」という期限を表します。

【訳】

私たちはいつ最終案を提出するべきですか。

(A) プロジェクトマネージャーに。

(B) あなたのオフィスで。

(C) 次の火曜日までに。（正解）

【語句】

□ submit	【動】〜を提出する
□ draft	【名】下書き、草案

2. パターン 2-3 助動詞を使った疑問文

25　難易度 ★★★

2. Has the product design changed since we last discussed it?

(A) We had a productive discussion.

(B) It will be launched in June.

(C) Not that I know of.

【解説】

HasやHaveで始まるのは現在完了の疑問文。現在完了は過去の一時点で起こった出来事が現在に影響しているときに用いる時制です。Hasの直後の［主語+動詞］をしっかり捉え、質問文が「商品デザインが変更になったのですか」と聞いていることを頭に入れましょう。(C)は質問文に対して否定の気持ちがあるが断定を避けるときに用いられます。

【訳】最後にそれについて話してから、商品デザインは変わりましたか。

(A) 実りのある話し合いでした。

(B) それは6月に発売されます。

(C) 私の知るかぎりでは変わっていません。（正解）

【語句】

□ productive	【形】実りのある
□ launch	【動】〜を開始する、売り出す

3. パターン 2-1 疑問詞を使った疑問文

🔊 26　難易度 ★☆☆

3. How often do we need to take inventory?

(A) At least once a week.

(B) It was invented in 1895.

(C) No, I didn't take it.

【解説】

How often で始まる質問文は頻度を尋ねています。How many（数）、How much（量）、How far（距離）などのテスト頻出表現とともに、How に続く語とワンセットで覚えておきましょう。

正解は頻度を答えている (A) です。質問文の take inventory（棚卸しをする）もテスト頻出表現ですが、聞き取れなくても How often さえ理解できれば正解できます。

【訳】どれくらいの頻度で棚卸しをする必要がありますか。

(A) 少なくとも週に 1 回は。（正解）

(B) それは 1895 年に発明されました。

(C) それは受け取りませんでした。

【語句】

□ take inventory	棚卸しをする
□ at least	少なくとも
□ invent	【動】～を発明する

4. パターン 2-6 否定疑問文

🔊 27　難易度 ★★☆

4. Can't this document be printed in color?

(A) Yes, I like your red jacket.

(B) No, it would cost too much.

(C) It was a popular documentary.

【解説】

Can't ～？を Can ～？と not のない形で置き換えて、「この書類はカラーでプリントできますか」とシンプルに文意を捉えます。できるなら Yes、できなければ No と応答の選択肢をイメージしておきます。

(B) は No と答えた後、「もしカラーでプリントできるとしても、コストがかかりすぎるから」とその理由を説明していて文意に合うので、正解です。

【訳】この書類はカラーで印刷できないのですか。

(A) はい、あなたの赤いジャケットはいいですね。

(B) はい、経費がかかりすぎます。（正解）

(C) それは人気のドキュメンタリー番組でした。

【語句】

□ print	【動】～を印刷する
□ cost	【動】費用がかかる
□ documentary	【名】ドキュメンタリー番組

5. パターン 2-5 付加疑問文

28

難易度 ★★☆

5. Dogs are allowed in the subway, aren't they?

(A) Yes, but you need to put them in a carrier.

(B) Fortunately, he didn't bark all night.

(C) You need to take the blue line.

【解説】

Dogs are allowed と［主語＋動詞］で始まっているので意味をとりながら最後まで聞くと、aren't they? が文末にあるので付加疑問文だとわかります。その機能は「確認」です。ここでは「犬は許可されているのですよね（地下鉄で）」と確認しています。応答は、同意しつつ、「でもキャリーに入れてね」と許可の条件を述べている (A) が正解です。

【訳】犬は地下鉄で認められていますよね？

(A) はい、でもキャリーに入れる必要があります。（正解）

(B) 幸いにも、一晩中は吠えません。

(C) 青い路線に乗る必要があります。

【語句】

□ allow	【動】～を許可する
□ carrier	【名】キャリー、移動装置
□ bark	【動】吠える

6. パターン 2-1 疑問詞を使った疑問文

難易度 ★★☆

6. Why is there such a long line at the bookstore?

(A) To the first 100 people who bought the book.

(B) A famous writer is doing a book signing.

(C) It will take more than an hour.

【解説】

Why は理由を尋ねる疑問詞。Why don't we ～？（～しませんか）などの頻出慣用表現（パターン 2-7）でないことに留意して質問文を聞くと、直後に is there（～がある）が聞こえてきます。～に当たる主語は a long line（長い列）。これに対し、書店の長蛇の列の理由を述べている (B) が正解です。(A) は人を答えていますから、Who や Whom で始まる疑問文への応答と判断します。

【訳】なぜ書店にこんなに長い列があるのですか。

(A) その本を買った先着 100 人に。

(B) 有名な作家がサイン会をしています。（正解）

(C) あと 1 時間以上かかるでしょう。

【語句】

□ line	【名】列
□ book signing	サイン会

7. パターン 2-7 勧誘・提案の表現

30

7. Why don't you join us for dinner after work today?

(A) The restaurant across the street has closed.

(B) The dinner was great.

(C) I wish I could, but I have other plans.

【解説】

前問と同様に疑問詞 Whyで始まっているので慣用表現か普通の疑問文かの区別がまず必要です。Why don't you ～？は「～してはいかがですか」と提案を表す頻出表現。ここでは join us (for dinner) が続くので、「(夕食を) 一緒にしませんか」の意。(C) の前半部 I wish I could は「できたらそうしたいけど、実際はできない」という意味を伝えるセットフレーズです。

【訳】今日、仕事が終わったら、私たちとディナーに行きませんか。

(A) 通りの向かいのレストランは閉まっています。

(B) そのディナーは素晴らしかったです。

(C) そうできたらよかったのですが、ほかに予定があるので。(正解)

【語句】

□ join	【動】～に加わる
□ across	【前】～の向こう側の
□ other	【形】ほかの

8. パターン 2-1 疑問詞を使った疑問文

31

難易度
★☆☆

8. Which bus should I take to get to the library?

(A) Yes, it's closed on Mondays.

(B) Take number 34.

(C) Two dollars for adults.

【解説】

［Which ＋名詞］は「どの～」と複数の選択肢がある中で 1 つを選ぶときに尋ねる表現です。Which bus の後の 3 語 should I take をしっかり聞きます。「(どのバスに) 乗ったらいいか」という意味ですね。したがってバスの番号を答えていると思われる (B) が正解です。疑問詞を使った疑問文に対して Yes や No では答えられないので、Yes で始まる (A) は不正解です。

【訳】図書館へ行くにはどのバスに乗ればいいですか。

(A) はい、毎週月曜日は休館です。

(B) 34 番に乗ってください。(正解)

(C) 大人で 2 ドルです。

【語句】

□ get to	～に行く、着く
□ closed	【形】閉まっている
□ adult	【名】大人

9. パターン 2-8 平叙文

32 難易度 ★★☆

9. I'm not sure how to use this software.

(A) Sure, see you tomorrow.

(B) Yes, it wasn't so hard.

(C) Here, let me show you.

【解説】

I'm notと［主語＋動詞］で始まっているので平叙文です。I'm not sure how to doは「～の方法がわかりません」の意。how to以下がしっかり聞き取れなくても、「何かのやり方がわからない」のだなと文意をつかめれば正解できます。(C)のlet me doは「～させてください、～しましょう」の意。わからない人に「教えてあげましょう」と申し出ているので、正解です。

【訳】このソフトウェアの使い方がわかりません。
(A) わかりました、また明日。
(B) はい、そんなに大変ではありませんでした。
(C) いいですか、見せてください。（正解）

【語句】

□ how to	～する方法
□ hard	【形】むずかしい、大変な

10. パターン 2-2 be動詞を使った疑問文

33 難易度 ★☆☆

10. Is Mr. Chen in charge of the exhibition?

(A) I think he is.

(B) Yes, it will be exhibited.

(C) Yes, at no charge.

【解説】

文頭のIs Mr. Chen［be動詞+人名（主語）］をしっかり聞き取りましょう。be動詞の疑問文の意味を理解するためには、主語の後にくる語句が重要です。ここではin charge of（～の責任者だ）を聞き取り、「Chenさんは～の責任者ですか」と文意を理解しましょう。(A)は「断定はできないが、そうだと思う」というニュアンスで、質問文に合うので正解です。

【訳】Chenさんはその展示会の責任者ですか。
(A) 彼だと思います。（正解）
(B) はい、それは展示されます。
(C) はい、無料で。

【語句】

□ in charge of	～の責任者だ
□ exhibition	【名】展覧会、展示会
□ exhibit	【動】～を展示する
□ charge	【名】料金

11. パターン 2-6 否定疑問文

🔊 34　難易度 ★★★

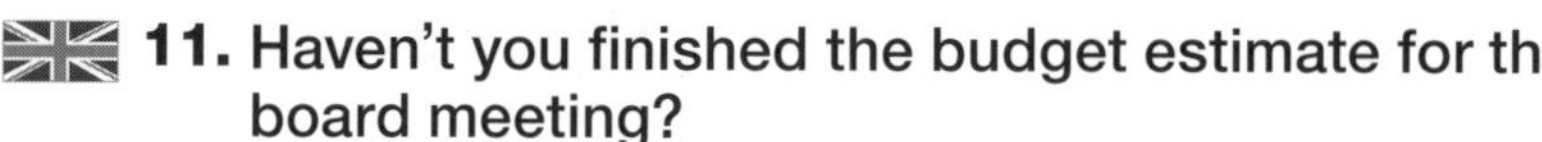

11. Haven't you finished the budget estimate for the board meeting?

(A) No, I got so bored at the meeting last year.

(B) Yes, but the manager wanted to make some changes.

(C) The meeting will be held in the ballroom.

【解説】

Haven't と否定語で始まっていますが、not のない Have に置き換えてシンプルに意味を理解します。Have/Has で始まる文は、「もう〜しましたか」の意の現在完了時制です。次の 2 語 [主語+動詞] をしっかり聞き取りましょう。動詞の直後の語句を聞き取れれば、さらに正解を選びやすくなります。ここでは、「(予算の見積もりは) もう済みましたか」と尋ねています。

【訳】取締役会に出す予算の見積もりは終わっていないのですか？

(A) はい、去年の会議はとても退屈でした。

(B) 終わったのですが、マネージャーがいくつか修正を希望していました。(正解)

(C) 会議は大宴会場で行われます。

【語句】

□ budget	【名】	予算
□ estimate	【名】	見積もり

12. パターン 2-4 選択疑問文

🔊 35

難易度 ★★★

12. Do you want to do the interview this Thursday, or after you get back from the trip?

(A) I won't have time before the trip.

(B) Yes, it has a great view.

(C) He says he enjoyed the trip.

【解説】

Do で始まる文ですが、文末まで聞くと、or で 2 つの選択肢が提示されていることがわかります。ただの Yes/No 疑問文ではなく、選択疑問文なので、選択肢のどちらか、または「そのどちらでもない」などの第 3 の応答をイメージしておきます。選択肢は面接の日取りについてで、「今週の木曜」と「旅行の後」の 2 つです。間接的に後者と答えている (A) が正解です。

【訳】今週の木曜日に面接を行いたいですか、それとも出張から戻ってきた後に行いたいですか。

(A) 出張前には時間がありません。(正解)

(B) はい、それは素晴らしい景色です。

(C) 彼は旅行を楽しんだと言っていました。

【語句】

□ interview	【名】	面接
□ get back		戻る
□ view	【名】	眺め、景色

Part 2 頻出単語・フレーズ

36

頻出単語

- □ available 【形】利用できる、入手可能な
- □ traffic 【名】交通量
- □ identification card 身分証明書
- □ agenda 【動】議題一覧
- □ deposit 【動】保証金
- □ store 【動】保管する
- □ training 【動】研修
- □ employee 【名】従業員
- □ employer 【名】雇用主
- □ technician 【名】技術者
- □ budget 【名】予算
- □ bill 【名】請求書、勘定書
- □ invoice 【名】インボイス、請求書
- □ fee 【名】料金、会費
- □ fare 【名】乗り物の料金
- □ sales figures 売上高
- □ office supplies 事務用品
- □ office equipment オフィス機器
- □ registration 【名】登録
- □ shipment 【名】配送物
- □ ship 【動】配送する
- □ reserve 【動】予約する
- □ distribute 【動】配る
- □ reimburse 【動】返金する、払い戻す
- □ supplier 【名】仕入れ先
- □ board 【名】役員会、取締役会
- □ accounting (department) 【名】経理部
- □ sales (department) 【名】営業部
- □ personnel (department) 【名】人事部
- □ human resources (HR) 【名】人事部

頻出フレーズ

- □ report to
  ～の部下である
- □ run out
  なくなる、尽きる
- □ drop by / stop by
  ～に立ち寄る
- □ draw up
  作成する
- □ fill out
  アンケート用紙に記入する
- □ prefer A to B
  A のほうが B よりよいと思う
- □ hand out
  配る
- □ take place
  行われる
- □ pass out
  配る
- □ take part in
  参加する
- □ sign up
  登録する
- □ responsible for
  ～に責任がある
- □ in charge of
  ～の責任をもつ、～の責任者だ
- □ out of stock
  在庫切れである

Part 3

会話問題の攻略

- Part 3 概要と攻略の流れ 82
- Part 3 サンプル問題 86
- 問題 1-3 の会話の流れ 88
- パターン 3-1 会話の主題を問う 90
- パターン 3-2 会話の発言の意図を問う 92
- パターン 3-3 今後の展開を問う 94
- 問題 4-6 の会話の流れ 96
- パターン 3-4 会話の場所を問う 98
- パターン 3-5 会話の一部の情報を問う 100
- パターン 3-6 図表と会話の情報を統合する 102
- Part 3 練習問題 104
- Part 3 練習問題の解答と解説 108
- Part 3 頻出単語・フレーズ 124

Part 3 概要と攻略の流れ

問題数
39 問
目標正解数
23 問

6 割以上の正解を目指せ！

どういう問題？

2 人または 3 人による会話を聞いて、設問に答える問題です。1 つの会話につき 3 つの設問が用意され、全部で 13 の会話があります。設問の中には、会話と関連する図を見て答えを選ぶタイプの問題もあります。会話はテストブックに印刷されておらず、音声は 1 度しか流れません。

どういう流れ？

❶ Directions（指示文）の音声が流れる

最初にテストブックに印刷されている下記の Directions（指示文）の音声が流れます。

37

PART 3

Directions: You will hear some conversations between two or more people. You will be asked to answer three questions about what the speakers say in each conversation. Select the best response to each question and mark the letter (A), (B), (C), or (D) on your answer sheet. The conversations will not be printed in your test book and will be spoken only one time.

【訳】指示：2 人または 3 人以上による会話を聞きます。それぞれの会話について話し手たちが話していることに関する 3 つの設問に答えます。各設問について最も適切な返答を選び、解答用紙の (A)、(B)、(C)、(D) の記号にマークしてください。会話はテストブックに印刷されておらず、1 度しか流れません。

❷ 会話の音声が流れる

テストブックには、次のような設問が 1 つの会話に 3 つずつ印刷されています。

〈例〉

32. What are the speakers discussing?
(A) A meeting schedule
(B) A text message
(C) Translation work
(D) Brochure designs

【訳】32. 話し手は何について話していますか。
(A) 会議の日程
(B) 携帯メールのメッセージ
(C) 翻訳作業
(D) パンフレットのデザイン

Directions に続いて、会話の音声が流れます。会話が終わってから 2 秒後に、設問文の音声が読まれます。

No.32 What are the speakers discussing?

❸ 解答時間は、8 秒間または 12 秒間

会話が終わったら、3 つの設問に解答することになります。通常の設問は 8 秒、図を見て答える問題は 12 秒の解答時間があります。すばやく設問に解答して、次の会話に備えましょう。

攻略の流れ

攻略① 設問を先読みして「日本語で」内容を頭に入れる

会話が始まる前に、テストブックに印刷された3つの設問を1つずつ読んでいきます。意味を理解したら、日本語で頭に入れていきます。こうすることで、会話から拾うべき情報を予測しやすくなります。

〈例〉

32. Where are the speakers?
どこ？（場所）　話し手は

例えば、上記のような設問では「話し手」と「どこ？（場所）」という言葉を2～3回頭の中で繰り返し言って頭に入れておきます。すると、会話が始まって場所に関するキーワードが出てきたときに、自然と注意が向くようになります。残りの2つの設問も同様に、内容を頭に入れていきます。

〈例〉

33. What problem are the speakers discussing?
どんな問題？　話し手が　語る

34. What does the man say he wants to do?
何？　男性は　やりたい

33.は「話し手」と「問題」、34.は「男性」と「やりたいこと」を頭で2～3回繰り返しましょう。ここで、難易度が高いと考えられる設問があれば、頭にしっかり入れておく設問を2つに絞ってもかまいません。

攻略② 会話を聞いて、設問に関する情報を拾う

例えば、「話し手」の「場所」についての情報が必要だと頭に入っていたら、次のような発言が聞こえたときに、すぐに反応できるようになります。

We've finally arrived at the conference venue.

We've finally arrivedまでで、主語のWeは発言者を含む「話し手」のことを指していると考えられますし、どこかに着いたという状況であることもわかります。到着した場所は、at the conference venueですから、32.の答えはconference venue（会議場）を表す選択肢ということになります。

攻略3 会話を最後まで聞いてから、設問に解答する

1つの設問に解答するために必要な情報が得られたら、その時点で設問を解こうとはせずに引き続き会話を聞いて、残りの設問に関する情報を聞くようにします。もし、途中で設問を解こうとテストブックの選択肢を見てしまうと、肝心の会話を聞き逃してしまいます。

会話が終わったら、すばやく設問と選択肢に目を通して、解答を選びます。

〈例〉

32. Where are the speakers?
(A) In a supply room
(B) At a convention site
(C) In a supermarket
(D) In an office

【訳】32. 話し手たちはどこにいますか。
(A) 備品室
(B) 会議場（正解）
(C) スーパーマーケット
(D) オフィス

(B)のAt a convention siteのconventionがconferenceの同義語、siteがvenueの同義語だとわかれば、これが正解だと選べるはずです。

同様の手順で残りの2つの設問に解答したら、すぐに次の問題の設問を先読みしましょう。次の会話が始まるまでに、3つの設問とできれば選択肢の先読みを行ってください。

Part 3 サンプル問題

38 ファイル 38 の音声を聞いてください。2 人または 3 人の人物による会話を聞いて、それぞれの設問について 4 つの答えの中から最もふさわしいものを選び、下記の解答欄の (A) ～ (D) のいずれかにマークしてください。

1. What are the speakers discussing?
(A) A meeting schedule
(B) A text message
(C) Translation work
(D) Brochure designs

2. What does the woman mean when she says, "I still need a couple more days"?
(A) She hasn't finished the work yet.
(B) She is going on a short trip.
(C) She will be finished on schedule.
(D) She was absent for a while.

3. What will happen the day after tomorrow?
(A) The brochure will be published.
(B) The woman will return from her trip.
(C) They will meet to look at some designs.
(D) A big translation job will start.

1.	Ⓐ Ⓑ Ⓒ Ⓓ
2.	Ⓐ Ⓑ Ⓒ Ⓓ
3.	Ⓐ Ⓑ Ⓒ Ⓓ

Ticket Direct – 555-1234-5678
td-online.com
Mayflower Theater

Envy, Passion, Revenge!

12 Aug (Fri) 2016 2:30 P.M.

MR TREVOR FRANCIS

Balcony Seating L015 $22.00

4. Where does the woman most likely work?

(A) At a museum

(B) At a stadium

(C) At a zoo

(D) At a box office

5. What problem does the man have?

(A) He has received the wrong ticket.

(B) He doesn't want to change seats.

(C) He needs to change the time.

(D) He prefers to get a cheaper ticket.

6. Look at the graphic. How much will the man's new ticket actually cost?

(A) $12

(B) $20

(C) $22

(D) $24

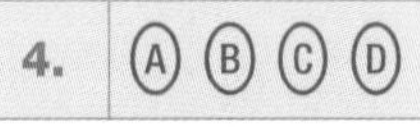

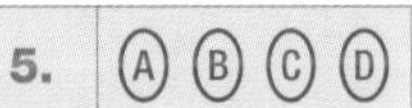

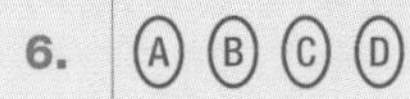

問題 1-3 の会話の流れ

Questions 1 through 3 refer to the following conversation with three speakers. 39

M1: W: M2:

M1: Anna, how are the designs coming along for the new brochure?

W: I still need a couple more days, but I can have them to you by the end of the week.

M1: Can you get them to me any quicker? The deadline was last Friday, so we really need to move as fast as we can now.

M2: It's my fault, actually. A load of new translation work came in last week and I'm still trying to catch up. As a result, I haven't started the brochure content yet.

W: I can work on the designs today and add the text later, but is there any way you can get the content to me tomorrow?

M2: I'll make it my top priority. I'll get on it right away.

M1: Great, so let's schedule a meeting for the day after tomorrow to go over the designs.

【訳】問題 1-3 は 3 人の話し手による次の会話に関するものです。

男性 1：Anna、新しいパンフレットのデザインはうまくいっていますか。
女性：　まだあと 2 日かかりますが、今週末までにはあなたに渡せます。
男性 1：いくらか早めてもらうことはできますか。締め切りは先週の金曜日だったので、もうなるべく早く進める必要があるのです。
男性 2：実は、私の責任なんです。先週、新しい翻訳作業の仕事が入ってきて、まだ遅れを取り戻そうとしているところなんです。その結果、パンフレットの中身にはまだ着手できていません。
女性：　今日、デザインの作業ができますから、テキストはあとで追加すればいいですね。でも、明日には私に中身をいただけないでしょうか。
男性 2：それを最優先事項にしますよ。すぐに取りかかります。
男性 1：いいでしょう。明後日に会議を開いて、デザインを詳細に検討しましょう。

赤字の部分を中心に会話の流れを把握する

how are the designs coming along for the new brochure?

男性① デザインの進捗状況の確認 ▶ 何のデザインかというと、new brochure（新しいパンフレット）です。

I can have them to you by the end of the week.

女性 自分が担当している作業の進捗報告 ▶ 今週の終わりまでには渡せると答えています。by ~は「~まで」と期限を示します。

Can you get them to me any quicker? The deadline was last Friday,

男性① もっと早く作業を終了することを依頼 ▶ 締め切りを過ぎているので「もっと早く」（quicker）終わらせてと伝えています。

It's my fault, actually ... I haven't started the brochure content yet.

男性② 現在の状況を招いた事情を説明 ▶ 自分がパンフレットの中身に手をつけていないことが原因だと話します。

I can work on the designs today and add the text later,

女性 もっと早く終わらせるための方法（デザイン先行）を提案 ▶ 女性の提案を受けて、この後、男性②がすぐにテキストに取りかかり、男性①がデザイン検討会議を明後日に開くと提案しています。

【語句】

□ come along	うまくいく	□ catch up	追いつく
□ brochure	【名】パンフレット	□ content	【名】中身、内容
□ fault	【名】責任	□ priority	【名】優先事項
□ load	【名】仕事量	□ go over	詳細に検討する

パターン 3-1　難易度 ★★☆

会話の主題を問う

会話の冒頭からキーワードを探せ

1. What are the speakers discussing?

(A) A meeting schedule

(B) A text message

(C) Translation work

(D) Brochure designs

【訳】話し手は何について話していますか。
(A) 会議の日程
(B) 携帯メールのメッセージ
(C) 翻訳作業
(D) パンフレットのデザイン（正解）

攻略 1　設問を先読みして「日本語で」内容を頭に入れる

What are the speakers discussing?

この設問は、Part 3 でよく出題されます。あらかじめまるごと覚えて、見た瞬間に「話し手は何について話しているか」＝「会話のトピックは？」と頭に入れます。

◆パターン 3-1 のほかの設問例

・What is the conversation mainly about?
（この会話は主に何についてのものですか）

・What is the purpose of the man's telephone call?
（男性の電話の目的は何ですか）

攻略 2 会話を聞いて、設問に関する情報を拾う

how are the designs coming along for the new brochure?

p.88 ～ *p*.89 の「会話の流れ」で確認したように、会話の冒頭で男性 1 が女性に新しいパンフレットのデザインの進捗状況を尋ねています。

I can work on the designs today and add the text later ...

女性の 2 回目の発言でも、引き続き「今日、デザインの作業ができます」と答えていることから、「パンフレットのデザイン」をめぐる会話だと考えられます。

攻略 3 会話を最後まで聞いてから、設問に解答する

(D) Brochure designs

男性 1 が、let's schedule a meeting for the day after tomorrow to go over the designs.（明後日に会議を開いて、デザインを詳細に検討しましょう）と最後に発言しているので、schedule a meeting の印象が強く残ると (A) の A meeting schedule を間違えて選びかねません。でも、男性 1 はこの会議をパンフレットのデザインのために開くと言っているので、会話のトピックは終始「パンフレットのデザイン」です。

というわけで、正解は (D) の Brochure designs ですね。

(D) をマークする！

【語句】

□ text message	【名】携帯メールのメッセージ
□ translation	【名】翻訳
□ brochure	【名】パンフレット

パターン 3-2　難易度 ★★★

会話の発言の意図を問う

引用部分の意味を理解する！

2. What does the woman mean when she says, "I still need a couple more days"?

(A) She hasn't finished the work yet.
(B) She is going on a short trip.
(C) She will be finished on schedule.
(D) She was absent for a while.

【訳】女性が "I still need a couple more days" と言う際、何を意図していますか。
(A) 彼女はまだ仕事を終えていない。（正解）
(B) 彼女は短い出張に行く予定である。
(C) 彼女は予定通りに終えられる。
(D) 彼女はしばらく休んでいた。

攻略 1 設問を先読みして「日本語で」内容を頭に入れる

What **does the** woman mean **when she says,** "I still need a couple more days"**?**

この設問は会話中の発言の一部分の意図を問うもので、Part 3 としては唯一（ごく一部ですが）、実際の会話自体を印刷された文字で確認できるところでもあります。"　" の部分の意味を［主語＋動詞］を軸に理解してください。

◆パターン 3-2 のほかの設問例

・**What does the woman mean when she says, "　"?**
（女性が "　" と言う際、何を意図していますか）

・**Why does the woman say, "　"?**
（女性はなぜ "　" と言っていますか）

攻略 2 会話を聞いて、設問に関する情報を拾う

how are the designs coming along for the new brochure?

p.88 ~ *p*.89 の「会話の流れ」で確認したように、会話の冒頭で男性 1 が女性に新しいパンフレットのデザインの進捗状況を尋ねています。

I still need a couple more days, but ...

問題の先読み時に［主語＋動詞］を主軸に I still need a couple more days の意味を「私は / 必要です / あと 2 日間」と理解しておくと、デザインの進捗状況を尋ねられたことへの返答内容は、「まだデザインはできていない」ということだとわかります。

攻略 3 会話を最後まで聞いてから、設問に解答する

(A) She hasn't finished the work yet.

引用部分に続いて、女性は、but I can have them to you by the end of the week「(デザインの完成までに) あと 2 日かかりますが、今週末までにはあなたに渡せます」と言っているので、ここからも、女性がまだデザインを完成させていないことがわかります。以上から、「彼女はまだ仕事を終えていない」の意の (A) が正解です。

(A) をマークする！

ただし、くれぐれも会話を聞きながら解答用紙にマークすることは避けましょう。思い違いのミスを防止し、ほかの問題でも正解するためには、会話を最後まで聞いてから、設問に解答するようにしてください。

パターン 3-3　難易度 ★★☆

今後の展開を問う

会話の最後に正解のヒントがある

3. What will happen the day after tomorrow?

(A) The brochure will be published.

(B) The woman will return from her trip.

(C) They will meet to look at some designs.

(D) A big translation job will start.

【訳】明後日には何が起こりますか。

(A) パンフレットが発行される。

(B) 女性が旅行から戻る。

(C) デザインを見るために集まる。（正解）

(D) 大規模な翻訳作業が始まる。

設問を先読みして「日本語で」内容を頭に入れる

What **will happen** the day after tomorrow**?**

「この後どうなりますか」と、会話の後に話者のどちらかが取るべき行動や、起こりうる出来事について問う問題です。設問中の個別のキーワード（この場合は the day after tomorrow「明後日」）をよく頭に入れましょう。

◆パターン 3-3 のほかの設問例

・**What will the man do next?**
（男性は次に何をしますか）

・**What are the speakers probably going to do next?**
（話し手たちはおそらく、次に何をしますか）

攻略 2 会話を聞いて、設問に関する情報を拾う

Great, so let's schedule a meeting for the day after tomorrow to go over the designs.

設問中のキーワード、the day after tomorrow は「明後日」という意味です。同じく「2 日後」を表す英語に in two days、in a couple of days があります。設問の先読み段階で、このキーワードまたは同じ意味を表す別の英語が必ず聞こえてくることを想定して、会話の最終部分を注意して聞きましょう。

男性 1 はここで let's schedule a meeting for the day after tomorrow to go over the designs.（明後日に会議を開いて、デザインを詳細に検討しましょう）と言っています。

攻略 3 会話を最後まで聞いてから、設問に解答する

(C) They will meet to look at some designs.

男性 1 が「明後日に会議を開いて、デザインを詳細に検討しましょう」と言っている内容に合致するのは (C) です。schedule a meeting は単に meet（会う）、go over（検討する）は look at（～を見る）と言い換えられています。会話中の語句が正解の選択肢ではこのように別の語句に言い換えられているケースが多いことに注意してください。

(C) をマークする！

【語句】

□ publish　【動】～を出版する

パターン
3-4
▼
3-6

問題 4-6 の会話の流れ

Questions 4 through 6 refer to the following conversation and ticket.

40

W: **M:**

W: Hello, this is Ticket Direct. How may I help you?

M: Hi, my name is Trevor Francis. I bought a ticket for this Friday's performance of "Envy, Passion, Revenge!" at the Mayflower, but I just realized that I booked the matinee instead of the evening performance. Is it possible to change the time?

W: It might be. Let me just check if there are any seats available for the 7:30 P.M. performance ... OK, there are no seats in the area where you are currently booked, but if you don't mind moving to seats that are farther from the stage, I can make a new booking. These seats are slightly cheaper, so I can give you a $2 refund.

M: That sounds great. Thank you very much.

W: Now, could you just give me your booking reference code? You should have received it separately by e-mail.

【訳】問題 4-6 は次の会話とチケットに関するものです。

女性： もしもし、こちらは Ticket Direct です。どのようなご用件でしょうか。
男性： もしもし、私は Trevor Francis と申します。今週金曜日の Mayflower での『嫉妬、情熱、復讐！』公演のチケットを買ったのですが、夜の公演の代わりに昼の部を予約したことにさっき気づいたのです。時間の変更は可能でしょうか。
女性： おそらくは。午後 7 時 30 分の席が空いているかお調べいたします……わかりました。あなたが現在予約されているエリアには空席がありません。ですが、舞台から少し遠くなる座席に移動しても差し支えないようでしたら、新たに予約をお取りいたします。ご用意できる席は少し安いので、2 ドルを返金いたします。
男性： よさそうですね。どうもありがとうございます。
女性： では、お客様の予約用の参照コードを教えてください。参照コードは E メールで別に受け取っていただいているはずです。

赤字の部分を中心に会話の流れを把握する

Hello, this is Ticket Direct. How may I help you?

女性 電話をかけてきた相手に応対 ▶ How may I help you? は、店員や受付係が用いるフレーズで「ご用は何ですか」の意。Hello, this is Ticket Direct. から、女性が Ticket Direct に勤めていることがわかります。

I bought a ticket for this Friday's performance ...

男性 「金曜の演目のチケット」を購入したと語る

but I just realized that I booked the matinee instead of the evening performance.

男性 「金曜の演目のチケット」に関する問題を説明 ▶ instead of は「～の代わりに」。チケットを買い間違えたと述べています。

Is it possible to change the time?

男性 演目の時間変更が可能か質問 ▶ 昼間の公演でなく、夜の公演に変更したいと尋ねています。

there are no seats in the area where you are currently booked

女性 夜の公演には同じエリアの空席はないと説明

but if you don't mind moving to seats that are farther from the stage, I can make a new booking.

女性 舞台から少し遠い席なら可能と、新たな情報を提供

【語句】

□ envy	【名】嫉妬	□ mind	【動】～を気にする
□ revenge	【名】復讐	□ refund	【名】返金
□ matinee	【名】昼の部	□ reference	【名】参照、整理番号
□ available	【形】利用可能な	□ separately	【副】別々に

パターン 3-4 難易度 ★☆☆

会話の場所を問う

会話の冒頭からキーワードを探せ

4. Where does the woman most likely work?

(A) At a museum

(B) At a stadium

(C) At a zoo

(D) At a box office

【訳】女性はどこで働いていると考えられますか。

(A) 美術館

(B) スタジアム

(C) 動物園

(D) チケット売り場（正解）

攻略 1 設問を先読みして「日本語で」内容を頭に入れる

Where does the woman most likely work?

女性が働いている場所を問う設問です。このように話し手のいる場所や職業を問う設問への答えは、ストレートには表現されませんが、会話全体から複数のキーワードを聞き取り、そこから発想することで、解答できる場合がほとんどです。裏を返せば、会話の展開がはっきりわからなくても、強くはっきり発音されるいくつかのキーワードから類推して正解できる可能性が高い設問です。

◆パターン 3-4 のほかの設問例

・Where most likely is the conversation taking place?
（会話はどこで行われていると考えられますか）

攻略 2 会話を聞いて、設問に関する情報を拾う

Hello, this is Ticket Direct. How may I help you?

女性の勤務先を尋ねる設問なので、女性の発言に特に注意して聞きます。まず始めに「もしもし、こちら Ticket Direct です。ご用件は何ですか」と話しています。ここから Ticket Direct に勤務していることがわかります。

I bought a ticket for this Friday's performance of ...

男性の応答には bought a ticket for（〜のチケットを買った）という表現が含まれています。詳細はともかく、男性は自分の買ったチケットについて問い合わせていることが推測できます。

これ以降の会話にも、男性の発話中の I booked the matinee（昼の部を予約した）、change the time（時間を変更する）など話し相手の女性の職業を想像させる語句が聞こえてきます。女性の発話中にも、I can make a new booking（新たに予約をおとりします）、I can give you a $2 refund（2 ドルを返金いたします）などのキーフレーズが聞こえてきます。

攻略 3 会話を最後まで聞いてから、設問に解答する

(D) At a box office

攻略 2 でみたように、フレーズ単位で聞き取れなくても、会話全体から、ticket、booked、performance、booking、refund などの複数のキーワードを聞き取れれば、チケット売り場の係員と判断できます。ticket だけ聞き取っても、どの選択肢にも関係してしまいます。会話全体からできるだけ複数のキーワードを聞き取って共通する場所を選びましょう。

(D) をマークする！

【語句】

□ box office 【名】チケット売り場

パターン 3-5 難易度 ★★☆

会話の一部の情報を問う

設問の主語に注目して情報を聞く

5. What problem does the man have?

(A) He has received the wrong ticket.

(B) He doesn't want to change seats.

(C) He needs to change the time.

(D) He prefers to get a cheaper ticket.

【訳】男性はどんな問題を抱えていますか。
(A) 彼は間違ったチケットを受け取った。
(B) 彼は座席を移動したくない。
(C) 彼は時間を変更する必要がある。（正解）
(D) 彼は安いチケットを買うほうがいい。

設問を先読みして「日本語で」内容を頭に入れる

What problem does the man have?

男性が抱えている問題がどんなものかを問う設問です。設問を先読みするときは、「誰がどうしたか」つまり設問の［主語＋動詞］を頭に入れて、会話が始まったら、この主語に注意して情報を聞き取ります。この場合、男性が抱えている問題つまりネガティブな表現を聞き取ります。

◆パターン 3-5 のほかの設問例

・What does the man agree to do?
（男性は何をすることに同意していますか）

・What does the woman say recently happened?
（女性は最近何があったと言っていますか）

攻略 2 会話を聞いて、設問に関する情報を拾う

but I just realized that I booked the matinee / instead of the evening performance.

設問の先読みで男性の発話に正解のヒントがあると見当をつけ、男性の発話にネガティブな情報を探しながら聞きます。また、but や however など「でも」の意の逆接の語の次には、たいていそれまでより重要な情報が語られます。ネガティブな情報に限らず、but や however が聞こえてきたら、その直後の発言内容に注意して聞くようにしましょう。

ここでは、「私はいま気づいた / 昼の部を予約したことに / 夜の部でなく」と言っていますね。ここから男性の問題は、時間を間違って予約したことだとわかります。

攻略 3 会話を最後まで聞いてから、設問に解答する

(C) He needs to change the time.

男性は攻略 2 でみた発話の後に Is it possible to change the time?（時間を変更することは可能ですか）と尋ねています。この部分も聞き取れれば、自信を持って正解できますね。

(C) をマークする！

パターン 3-6 難易度 ★★★

図表と会話の情報を統合する

図表中の重要な情報に的を絞る！

6. Look at the graphic. How much will the man's new ticket actually cost?

(A) $12
(B) $20
(C) $22
(D) $24

Ticket Direct – 555-1234-5678
td-online.com
Mayflower Theater

Envy, Passion, Revenge!

12 Aug (Fri) 2016 2:30 P.M.

MR TREVOR FRANCIS
Balcony Seating L015 $22.00

【訳】図を見てください。男性の新しいチケットは実際にいくらになりますか。

(A) 12 ドル
(B) 20 ドル（正解）
(C) 22 ドル
(D) 24 ドル

Ticket Direct – 555-1234-5678
td-online.com
Mayflower Theater
嫉妬、情熱、復讐！

2016 年 8 月 12 日（金） 午後 2 時 30 分
TREVOR FRANCIS 様
2 階席 L015 22.00 ドル

攻略 1 設問を先読みして「日本語で」内容を頭に入れる

Look at the graphic. How much will the man's new ticket actually cost?

問題用紙に印刷されている図表を見て答える問題です。設問を直訳すれば「男性の新しいチケットは実際にいくらになるでしょうか」となりますね。ここから男性（Francis さん）は「チケットを新しく購入し」「その価格は前のチケット代とは異なるだろう」ということがわかります。

設問の意図がわかったら、ここでは価格に注意して図をみておきます。この図を見た段階では、「August 12、2:30 P.M. 開始のチケットが 22 ドル」ということをしっかり頭に入れておくようにしましょう。会話では、これと異なる日時のもう一枚のチケットの情報が語られるはずです。

攻略 2 会話を聞いて、設問に関する情報を拾う

but I just realized / that I booked the matinee / instead of the evening performance ...

Francis さんが本当は evening performance（夜の公演）に行くつもりなのに、間違って matinee（昼の部の公演）を予約してしまったという情報をここで理解することが正解へのステップです。

攻略 3 会話を最後まで聞いてから、設問に解答する

These seats are slightly cheaper, so I can give you a $2 refund.

そしてチケット売り場の女性が話すこの文を聞き取ることが正解のゴールです。「ご用意できるお席は少し安いので、2 ドルを返金いたします」と女性は話しています。図から、「昼の部の公演」の座席は 22 ドルとわかるので、新しい座席のチケットはそれより 2 ドル安い 20 ドルと計算できます。

(B) をマークする！

Part 3 練習問題

🔊 41 ファイル 41 の音声を聞いてください。2 人または 3 人の人物による会話を聞いて、それぞれの設問について 4 つの答えの中から最もふさわしいものを選び、下記の解答欄の (A) ～ (D) のいずれかにマークしてください。

1. What does the woman ask about?

(A) The time of a demonstration

(B) The name of a chef

(C) The availability of a product

(D) The price of a menu item

2. According to the man, what will happen soon?

(A) Some merchandise will arrive.

(B) A cooking demonstration will begin.

(C) An order will be placed.

(D) Some watches will be sold.

3. What does the man offer to do?

(A) Fix a computer

(B) Restock some shelves

(C) Issue a receipt

(D) Call a store

1.	Ⓐ Ⓑ Ⓒ Ⓓ
2.	Ⓐ Ⓑ Ⓒ Ⓓ
3.	Ⓐ Ⓑ Ⓒ Ⓓ

4. What information does the woman request from the man?
(A) A new flight time
(B) A weather forecast
(C) A restaurant location
(D) An airport gate number

5. What does the woman mean when she says, "Didn't it already start boarding?"?
(A) She is worried about making her flight.
(B) She has to attend a board meeting.
(C) She hasn't booked a hotel room yet.
(D) Her friends are already on board.

6. What does the man say he will do?
(A) Call a shuttle
(B) Purchase some clothing
(C) Contact a colleague
(D) Print out a map

4.	Ⓐ Ⓑ Ⓒ Ⓓ
5.	Ⓐ Ⓑ Ⓒ Ⓓ
6.	Ⓐ Ⓑ Ⓒ Ⓓ

7. Where do the speakers most likely work?

(A) At a law firm

(B) At a restaurant

(C) At a real estate agency

(D) At a furniture store

8. What does the woman want Tom to do?

(A) Reschedule a meeting to another day

(B) Take a client to see a rental unit

(C) Book a table for a company dinner

(D) Print out the designs for a mall

9. What problem does Tom mention?

(A) An important visitor has arrived.

(B) A meeting room is unavailable.

(C) A rental unit was taken.

(D) A document was corrupted.

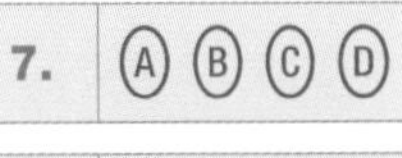

OFFICE SUPPLIES REQUISITION FORM	
ITEM	AMOUNT
Toner & ink cartridges	10
Phone message pads	20
Business-size envelopes	100
Shipping labels	20

10. Why did the woman send the order form?
(A) Because her printer is broken.
(B) So she can send thank-you notes to clients.
(C) So she can mail promotional materials.
(D) Because a discount sale will happen soon.

11. What will the woman most likely do next?
(A) Fill out another form.
(B) Send the man an e-mail.
(C) Write a formal complaint.
(D) Start making some calls.

12. Look at the graphic. How many envelopes were delivered?
(A) 10
(B) 20
(C) 50
(D) 100

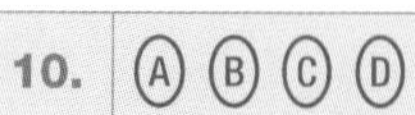

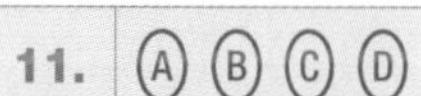

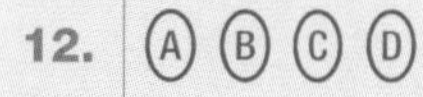

問題 1-3 の会話の流れ

42

Questions 1 through 3 refer to the following conversation.

W: M:

W: Excuse me. I'm looking for the frying pan that Egon Grimaldi used in his cooking demonstration here last week. I can't find it anywhere in the cookware section. Do you have any in stock?

M: I'm afraid we sold out of those frying pans soon after the demonstration. Everyone watching was so impressed by them. We put in an order for more a couple days ago, so we'll have them back in stock early next week.

W: That's good to know, although I really wanted to buy one today as a gift for my friend's birthday this weekend. Do you think it's worth trying another of your stores?

M: I'll take a look on the computer for you. Oh, yes, it looks like we do have a few left at our store on Upper Bridge Street. I'll give them a call and ask them to hold one for you.

【訳】問題 1-3 は次の会話に関するものです。

女性：すみません。先週、Egon Grimaldi がここでの料理実演で使っていたフライパンを探しています。調理器具のコーナーのどこにもありませんでした。在庫はありますか。

男性：申し訳ありませんが、あのフライパンは実演の後ですぐに売り切れてしまいました。見ていたみなさんがあのフライパンに感銘を受けていたのです。数日前にさらに発注をしましたので、来週早々には入荷することになっております。

女性：それはいいことを聞きました。ですが、今週末にある友人の誕生日プレゼントとして今日 1 つ買っていきたかったのです。他の店舗をあたってみる価値はあるでしょうか。

男性：コンピューターでお調べしますよ。あ、ありました。Upper Bridge Street にある私どもの店舗にいくつかあるようです。お店に電話をして、あなたのために 1 つ取り置きを頼んでみます。

赤字の部分を中心に会話の流れを把握する

I'm looking for the frying pan that Egon Grimaldi used in his cooking demonstration here last week.

女性 「フライパンを探しています」と希望を明示

I'm afraid we sold out of those frying pans soon after the demonstration. ...
we'll have them back in stock early next week.

男性 女性への応答として、2つの情報を提示 ▶ そのフライパンが今売り切れていること、また来週早々には入荷予定と女性に伝えています。男性は店員、女性は買い物客だとわかります。

I really wanted to buy one today ...
Do you think it's worth trying another of your stores?

女性 売り切れのフライパンがどうしてもほしいと希望を伝える ▶「別の店舗を試してみる（＝行ってみる）価値はあるか」と尋ねています。

... it looks like we do have a few left at our store on Upper Bridge Street. I'll give them a call and ask them to hold one for you.

男性 女性客の希望に応えようと他店舗の情報を検索して提示 ▶ 男性は「Upper Bridge Street にある店舗に在庫がある」と述べています。そして電話して商品の取り置きを頼みましょうと申し出ています。

【語句】

□ frying pan	【名】フライパン	□ in stock	在庫の
□ demonstration	【名】実演	□ order	【名】注文
□ cookware	【名】調理器具	□ worth	【形】～する価値がある

Part 3 練習問題の解答と解説

1. パターン 3-1 会話の主題を問う

難易度 ★☆☆

1. What does the woman ask about?
(A) The time of a demonstration
(B) The name of a chef
(C) The availability of a product（正解）
(D) The price of a menu item

【解説】

「女性が尋ねている内容」を答える問題です。尋ねている内容というのが、そのまま会話の主題を担っています。前ページの「会話の流れ」で確認したように、女性がフライパンを探していて、店員と考えられる男性が対応していますので、正解は (C) の「製品の入手可能性」です。frying pan が a product と言い換えられていますね。

【訳】 女性は何について尋ねていますか。
(A) 実演の時間
(B) 料理人の名前
(C) 製品の入手可能性（正解）
(D) メニューにある料理の値段

【語句】
□ availability 【名】入手の可能性

2. パターン 3-3 今後の展開を問う

2. According to the man, what will happen soon?
(A) Some merchandise will arrive.（正解）
(B) A cooking demonstration will begin.
(C) An order will be placed.
(D) Some watches will be sold.

【解説】

設問は、①男性からの情報で、②今後起こることは何かと尋ねています。男性の発言の中の、we'll have them back in stock early next week. という部分に、「来週早々には them（= those frying pans）が入荷する」とあるので、(A) が正解です。those frying pans が merchandise（商品）と言い換えられています。

【訳】 男性によれば、まもなく何が起こりますか。
(A) 商品が到着する。（正解）
(B) 料理の実演が始まる。
(C) 注文が行われる。
(D) 腕時計が販売される。

【語句】
□ merchandise 【名】商品、在庫品

3. パターン 3-5 会話の情報の一部を問う

3. What does the man offer to do?

(A) Fix a computer

(B) Restock some shelves

(C) Issue a receipt

(D) Call a store（正解）

【解説】

設問の「男性が申し出ていること」に該当するのは、男性の最後の発言の I'll give them a call and ask them to hold one for you. という部分です。them は、our store on Upper Bridge Street を指しているので、「店舗に電話を入れて、1つ取り置きを頼む」という意味になります。つまり、「店舗に電話する」という意の (D) が正解です。

【訳】 男性は何を申し出ていますか。

(A) コンピューターを修理する

(B) 棚を補充する

(C) 領収書を発行する

(D) 店舗に連絡する（正解）

【語句】

□ fix	【動】	～を修理する
□ restock	【動】	～を補充する
□ receipt	【名】	領収書

問題 4-6 の会話の流れ

43

Questions 4 through 6 refer to the following conversation.

W: M:

W: Excuse me, I'm trying to get to my connecting flight. I just arrived here from Edmonton and I'm headed for San Diego. Do you know which gate I need to go to for Flight 76?

M: Let me see. Your flight is departing from Gate C44. That's in Terminal C, so you'll need to take the shuttle bus. This is Terminal A.

W: Oh, how long does that take? My flight arrived a little late, so I'm worried I won't get to the connecting flight in time. Didn't it already start boarding?

M: Yes, it did, but you should still have time. The shuttle only takes five minutes. I'll give my coworker at the gate a call to let them know that you are running a little late.

【訳】問題 4-6 は次の会話に関するものです。

女性：すみません、乗り継ぎ便のところまで行こうとしています。Edmonton からちょうど到着したところで、San Diego に向かっています。76 便に乗るには、どのゲートに行けばいいかわかりますか。
男性：そうですね……。お客様の便は C44 番ゲートから出発になります。ターミナル C ですのでシャトルバスに乗る必要があります。ここはターミナル A ですから。
女性：あら、どれくらいかかりますか。私の便の到着が少し遅れたので、乗り継ぎ便に間に合わないのではと心配なんです。搭乗は始まっていませんか。
男性：ええ、始まりました。でも、まだ時間はあるはずですよ。シャトルバスでわずか 5 分です。ゲートにいる同僚に連絡して、あなたが少し遅れていると知らせておきますよ。

赤字の部分を中心に会話の流れを把握する

Excuse me, I'm trying to get to my connecting flight.

女性 乗り継ぎ便に乗ろうとしていることを伝える ▶ get to は「～に行く」の意。女性は旅行客だと判断できます。

I just arrived here from Edmonton and I'm headed for San Diego. Do you know which gate I need to go to for Flight 76?

女性 自分の出発地と目的地を伝え、乗り継ぎ便の場所を尋ねる ▶「76 便の搭乗ゲートはどこか」と尋ねています。

Your flight is departing from Gate C44. That's in Terminal C, so you'll need to take the shuttle bus. This is Terminal A.

男性 ゲート番号と、そこへ行くための方法を説明 ▶ 空港係員と思われる男性は、ゲート番号は C44 番で、そのゲートのあるターミナル C にはシャトルバスに乗る必要があると伝えています。

**Oh, how long does that take? ...
Didn't it already start boarding?**

女性 ゲートまでの所要時間を尋ねる ▶ シャトルバスに乗る必要があると聞き、間に合うか心配になっています。Didn't it ～？の it は自分のフライトである 76 便を指しています。

I'll give my coworker at the gate a call to let them know that you are running a little late.

男性 女性の懸念を受けて、ゲート係員への連絡を申し出る ▶ ゲート係員に連絡しておくので大丈夫ですよと女性を安心させています。

【語句】

□ connecting flight	【名】乗り継ぎ便	□ in time	間に合って
□ depart	【動】出発する	□ board	【動】搭乗する

PART 1 PART 2 PART 3 PART 4 PART 5 PART 6 PART 7

4. パターン 3-5 会話の一部の情報を問う

難易度 ★☆☆

4. What information does the woman request from the man?

(A) A new flight time

(B) A weather forecast

(C) A restaurant location

(D) An airport gate number（正解）

【解説】

女性の発話に注意して聞き取ります。会話中最初の女性の発話から Do you know which gate I need to go to for Flight 76?（76 便に乗るには、どのゲートに行けばいいかわかりますか）を聞き取り、(D) の「空港のゲート番号」を選びます。which gate I need to go to（私が行く必要のあるのはどのゲートか）はひとかたまりで意味を理解しましょう。

【訳】女性は男性にどんな情報を要求していますか。

(A) 変更された出発時刻

(B) 天気予報

(C) レストランの場所

(D) 空港のゲート番号（正解）

【語句】

□ location　【名】位置、場所

5. パターン 3-2 会話の発言の意図を問う

難易度 ★★★

5. What does the woman mean when she says, "Didn't it already start boarding?"?

(A) She is worried about making her flight.（正解）

(B) She has to attend a board meeting.

(C) She hasn't booked a hotel room yet.

(D) Her friends are already on board.

【解説】

設問文中の引用箇所は文字通り訳すと「搭乗は始まっていませんか」となります。女性はここで「もう自分のフライトは搭乗開始になってしまっているだろう」「自分はこれからゲートに向かうところなのに、間に合うだろうか」と心配しているのです。したがって、(A) が正解です。

【訳】女性が "Didn't it already start boarding?" という際、何を意図していますか。

(A) 乗る便について心配している。（正解）

(B) 取締役会に出席しなくてはならない。

(C) まだホテルの部屋を予約していない。

(D) 彼女の友人がすでに搭乗している。

【語句】

□ start boarding 搭乗を開始する

6. パターン 3-3 今後の展開を問う

難易度 ★★☆

6. What does the man say he will do?
(A) Call a shuttle
(B) Purchase some clothing
(C) Contact a colleague（正解）
(D) Print out a map

【解説】
設問タイプから、会話の終盤に正解のヒントが述べられることを意識して会話を聞きます。特に男性の発話中に、I'll ～や、Let me ～など「私が～しましょう」と申し出る表現を探します。男性は I'll give my coworker at the gate a call to let them know（ゲートにいる同僚に連絡して、～と知らせておきますよ）と言っているので、(C) が正解です。coworker と colleague の言い換えは頻出するので覚えておきましょう。

【訳】男性は何をすると言っていますか。
(A) シャトルバスを呼ぶ
(B) 衣服を購入する
(C) 同僚に連絡を取る（正解）
(D) 地図を印刷する

【語句】
□ colleague【名】同僚

問題 7-9 の会話の流れ

44

Questions 7 through 9 refer to the following conversation with three speakers.

M1: **W:** **M2:**

M1: Good morning, Susan. What's up?

W: Hi, Tom. Could you find some time today to take one of our clients to a viewing? I have a booking for three o'clock this afternoon at the Hillside Apartments, but something important came up and I'm not going to be able to get there in time.

M1: Yes, I'm available at that time. But it isn't Apartment 83, is it? I just rented that one out to someone an hour ago.

W: Oh yes, that's the one! That's a shame, since she was very keen on the Hillside development. Ricardo, do you know if there's anything else available at the moment?

M2: Actually, there is. The tenant in Apartment 34 wants to move out as soon as possible. It's the same size as Apartment 83, and has the same view of the river.

M1: That sounds ideal. We could take your client to see that unit instead. If you let me have her contact details, I'll get in touch with both parties.

【訳】問題 7-9 は 3 人の話し手による次の会話に関するものです。

男性 1：おはよう、Susan。調子はどう？

女性：　おはよう、Tom。今日、顧客の 1 人を見学に連れていくために時間を取ってもらえるかしら。今日の午後 3 時に Hillside Apartments を予約してあるの。でも、大事な用があって私は時間内にそこに到着できそうにないのよ。

男性 1：はい、その時間は手が空いていますよ。でも、それって 83 号室じゃないですよね？ 1 時間前にその物件の借り手が見つかったんです。

女性：　あら、そう、その物件よ。残念だわ。彼女は Hillside の物件にこだわっていたから。Ricardo、現時点でほかに空いているところを知っていたら教えて。

男性 2：実はあるんだ。34 号室の賃貸人ができるだけ早く立ち退きたがっている。そこは 83 号室と同規模で、同様に川が見える部屋だよ。

男性 1：理想的だね。君の顧客には代わりにその物件を見てもらおう。彼女の詳しい連絡先を教えてもらえたら、私が両者に連絡を取るよ。

赤字の部分を中心に会話の流れを把握する

Could you find some time today to take one of our clients to a viewing?

女性 男性に、顧客を物件の内見に連れていけるかと打診 ▶ 女性（Susan）が男性（Tom）にこう打診していることから、女性には、自分の今日の予定が急に変更になったか、ダブルブッキングに気づいたかなどの事情があることがうかがえます。

I have a booking for three o'clock this afternoon at the Hillside Apartments,

女性 男性に、物件を3時に予約していると伝える ▶ 女性は続いて「今日の午後3時に Hillside Apartments を予約してあるの」と言っています。前の viewing（見学）、Apartments（マンション）などのキーワードから女性の職業が推測できます。

Yes, I'm available at that time. But it isn't Apartment 83, is it? I just rented that one out to someone an hour ago.

男性① 女性の依頼を承諾し、新たな点について確認する ▶ ここで男性1（Tom）は女性の依頼を承諾したうえで、「それって83号室じゃないですよね？　1時間前にその物件の借り手が見つかったんです」と答えています。つまり、女性がこれから顧客に見せようと思っていた83号室はすでに空き物件ではないということですね。

【語句】

□ viewing	【名】見学	□ tenant	【名】賃貸人
□ in time	間に合って	□ ideal	【形】理想的な
□ rent out	～を貸し出す	□ unit	【名】1個、一式
□ shame	【名】残念なこと	□ detail	【名】詳細
□ keen	【形】熱心な	□ get in touch	連絡を取る
□ development	【名】開発、開発物件	□ party	【名】（特定の）人、個人

7. パターン 3-4 会話の場所を問う

難易度 ★☆☆

7. Where do the speakers most likely work?
(A) At a law firm
(B) At a restaurant
(C) At a real estate agency（正解）
(D) At a furniture store

【解説】

「会話の詳細がすべてわからなくても、キーワードを複数聞き取り、そこから連想する」ことが、話し手のいる場所や職業を尋ねるこの設問タイプの解法です。viewing（見学）、Apartment（マンション）、tenant（借り主）、move out（退去する）などのキーワードから (C) 不動産業者だと推測できます。

【訳】 話し手たちはどこで働いていると考えられますか。
(A) 法律事務所
(B) レストラン
(C) 不動産業者（正解）
(D) 家具店

【語句】

□ law firm	法律事務所
□ real estate agency	不動産業者

8. パターン 3-5 会話の一部の情報を問う

難易度 ★★☆

8. What does the woman want Tom to do?
(A) Reschedule a meeting to another day
(B) Take a client to see a rental unit（正解）
(C) Book a table for a company dinner
(D) Print out the designs for a mall

【解説】

女性が男性に求めていることは何かを問う設問です。女性の発話の中から正解のヒントを探しましょう。女性は Could you 以下で、自分の代わりに顧客を物件の内見に連れていってくれるかと男性に依頼しています。したがって正解は (B) です。Could you～？やWould you～？は「～していただけますか」と依頼するときの頻出フレーズです。

【訳】 女性は Tom に何をしてほしいと思っていますか。
(A) 別の日に打ち合わせの日程を変更する
(B) 顧客を賃貸物件に連れていく（正解）
(C) 会社のディナーの席を予約する
(D) ショッピングモールのデザインを印刷する

【語句】

□ reschedule	【動】日程を変更する
□ mall	【名】ショッピングモール

9. パターン 3-5 会話の一部の情報を問う

難易度 ★★☆

9. What problem does Tom mention?
(A) An important visitor has arrived.
(B) A meeting room is unavailable.
(C) A rental unit was taken.（正解）
(D) A document was corrupted.

【解説】

設問の主語はTomで、the manでないことにまず注意しましょう。男性２人の会話か男性２人を含む３人の会話であることが推測できます。そして「Tomの発言にネガティブ情報を探すことが必要」と心して会話を聞きましょう。Tomと呼ばれて返事した男性はBut it isn't Apartment 83, is it?と言って、その物件にすでに借り手がついてしまったと述べているので正解は(C)です。

【訳】Tomが述べている問題は何ですか。
(A) 重要な訪問客が到着した。
(B) 会議室が利用できない。
(C) アパートが所有されている。（正解）
(D) 書類が改変されていた。

【語句】

□visitor	【名】	訪問客
□unavailable	【形】	利用できない
□corrupted	【形】	改変された

問題 10-12 の会話の流れ

45

Questions 10 through 12 refer to the following conversation and form.

M: W:

M: Hello, Central Office Supplies, this is Gerald Keenan. How can I help you?

W: Hi, Mr. Keenan. This is Luisa Mendez at Softcare Inc. We're just starting a new sales campaign. We made an online order on Monday for a few items that we need in order to print out and mail flyers and samples.

M: Thank you very much, Ms. Mendez. Did you have any problems with your order?

W: Actually, yes. Most of it arrived OK, but you sent over only half as many envelopes as I requested. We need the rest of them as soon as possible. If you can't get them to us by tomorrow morning, it will be a serious problem.

M: Oh, I'm sorry, Ms. Mendez. That's our mistake. Would you e-mail me directly with the correct order so that I can send over the rest right away? I promise you'll get them by 6 P.M. today. And I'll make sure we're more careful next time.

【訳】問題 10-12 は次の会話とフォームに関するものです。

男性：こんにちは、Central Office Supplies です。私は Gerald Keenan です。どのようなご用件でしょうか。

女性：こんにちは、Keenan さん。私は Softcare 社の Luisa Mendez です。弊社では新しい販促キャンペーンを開始したところで、月曜日にチラシとサンプルを印刷し、発送するのに必要ないくつかの製品をオンラインで注文した次第です。

男性：ありがとうございます、お客様。何か不具合がございましたか。

女性：ええ、そうなんです。ほとんどは無事に届いたのですが、依頼した封筒は半数しか送られてきませんでした。残りの半数がすぐに必要です。もし明日午前中までに届かないと大変なことになります。

男性：それは、申し訳ありません。私どものミスです。正しい注文書を私宛に直接Ｅメールで送ってください。正しい数をすぐにお届けいたします。本日午後 6 時までには必ずお届けすることをお約束いたします。また次回は必ずもっと注意するようにいたします。

赤字の部分を中心に会話の流れを把握する

Hello, Central Office Supplies, this is Gerald Keenan.
How can I help you?

男性　Hello, の後に自社名と名前を言って応答 ▶ 電話では Hello, の後に this is に続けて名前を述べます。会社で電話を取る場合はまず社名を言うのが普通です。会社名から男性は事務用品会社に勤務していると推測できます。

We're just starting a new sales campaign. We made an online order on Monday for a few items that we need in order to print out and mail flyers and samples.

女性　名乗った後に、自分の注文の状況を説明 ▶ 今さまざまな手法を用いた販促キャンペーン中で、事務用品が必要なため、すでに注文したと述べています。

Most of it arrived OK, but you sent over only half as many envelopes as I requested.

男性　自社の手違いを謝罪、対応内容を伝える ▶ 注文品について「ほとんどは無事に届いたのですが、依頼した封筒は半数しか送られてきませんでした」と問題点を述べています。

Oh, I'm sorry, Ms. Mendez. That's our mistake. Would you e-mail me directly with the correct order so that I can send over the rest right away?

男性　自社の手違いを謝罪、対応内容を伝える ▶「正しい注文書を私宛に直接メールで送ってくれれば正しい数をすぐ手配する」と述べています。

【語句】

□ campaign 【名】宣伝活動	□ send over 発送する
□ mail 【動】～を郵送する	□ correct 【形】正しい、正確な
□ flyer 【名】チラシ	□ careful 【形】注意深い

10. パターン 3-1 会話の主題を問う問題

難易度 ★★☆

10. Why did the woman send the order form?
(A) Because her printer is broken.
(B) So she can send thank-you notes to clients.
(C) So she can mail promotional materials. (正解)
(D) Because a discount sale will happen soon.

【解説】
女性は We're just starting a new sales campaign（弊社では新しい販促キャンペーンを始めたところです）と述べ、続けて「チラシとサンプルを印刷し、発送するのに必要ないくつかの製品を月曜日にオンラインで注文した」と伝えているので、正解は (C) の「販売促進用資材を郵送するために」です。

【訳】女性はなぜ注文フォームを送ったのですか。
(A) 彼女の印刷機が故障したから。
(B) 顧客に礼状を送るために。
(C) 販売促進用資材を郵送するから。（正解）
(D) 割引セールがまもなく始まるから。

【語句】
□ thank-you note 【名】礼状
□ promotional 【形】販売促進用の

11. パターン 3-3 今後の展開を問う問題

11. What will the woman most likely do next?
(A) Fill out another form.
(B) Send the man an e-mail. (正解)
(C) Write a formal complaint.
(D) Start making some calls.

【解説】
この設問タイプの正解のヒントは会話の終盤にあることがほとんどです。この場合、会話の最後で話しているのは男性なので、男性の発話の中に女性の行動に関連する語句を探しながら聞きましょう。男性は Would you e-mail me directly ～？（私に直接メールをくだされば～）と問題の解決策を述べているので、正解は (B) です。

【訳】女性はおそらく次に何をしますか。
(A) 別のフォームに記入する
(B) 男性に E メールを送る（正解）
(C) 正式な苦情を書面にする
(D) 何件かの電話をかけ始める

【語句】
□ complaint 【名】不平、不満

12. パターン 3-6 図表と会話の情報を統合する

難易度 ★★★

12. Look at the graphic. How many envelopes were delivered?

(A) 10
(B) 20
(C) 50（正解）
(D) 100

【解説】
オンライン注文フォームには、4つの商品名と注文数が記載されています。設問から、注文数と実際に配達された数が違うことが予測されるので、会話中の商品名と数を表す語句に注意して聞きましょう。女性は「依頼した封筒は半数しか送られてきませんでした」と述べているので、envelopeの注文数100の半分、つまり(C)の50が正解だと判断します。

【訳】図を見てください。封筒はいくつ配達されましたか。
(A) 10
(B) 20
(C) 50（正解）
(D) 100

OFFICE SUPPLIES REQUISITION FORM

ITEM	AMOUNT
Toner & ink cartridges	10
Phone message pads	20
Business-size envelopes	100
Shipping labels	20

【訳】
オフィス用品申込フォーム

品名	数量
トナー&インクカートリッジ	10
留守電メモ帳	20
ビジネスサイズの封筒	100
発送用ラベル	20

【語句】

□ office supplies	【名】	オフィス用品
□ requisition	【名】	請求書、申込書
□ phone message	【名】	留守電
□ pad	【名】	帳、つづり
□ envelope	【名】	封筒
□ shipping	【名】	発送、配送、出荷
□ label	【名】	ラベル

Part 3 頻出単語・フレーズ

46

頻出単語

□ due	【形】期限の	□ disrupt	【動】混乱させる
□ delayed	【形】遅れた	□ undergo	【動】経験する
□ inclusive	【形】含んでいる	□ exclude	【動】除外する
□ legible	【形】判読できる	□ finalize	【動】仕上げる
□ fragile	【形】壊れやすい	□ foresee	【動】予測する
□ superb	【形】最高の	□ reflect	【動】反映する
□ thrilled	【形】感動した	□ postpone	【動】延期する
□ spacious	【形】広々とした	□ evaluate	【動】評価する
□ unfortunately	【副】残念ながら	□ admission	【名】入場（料）
□ overlook	【動】見逃す	□ summary	【名】要約
□ recommend	【動】推薦する	□ flaw	【名】きず、欠陥
□ involve	【動】伴う、含む	□ extension	【名】延長
□ commute	【動】通勤する	□ facility	【名】施設、設備
□ prohibit	【動】禁じる	□ draft	【名】下書き、原稿
□ conduct	【動】行う、案内する	□ pension	【名】年金

頻出フレーズ

□ put off
延期する

□ bring/put forward
前倒しにする

□ focus on
～を重要視する、～に照準を合わせる

□ drop off
～を届ける、～を配達する

□ attribute A to B
A の理由を B だと考える

□ lead to
～をもたらす

□ attend to
～に対応する、～に応対する

□ subscribe to
～を定期購読する

□ serve as
～としての機能を果たす

□ keep up with
～に遅れないようについていく

□ take for granted
～を当然だと思う

□ after all
結局

□ up to
～まで

□ on track
順調に、軌道に乗って

Part 4

説明文問題の攻略

- **Part 4** 概要と攻略の流れ …… 126
- **Part 4** サンプル問題 …… 130
- 問題 1-3 のトークの流れ …… 132
- パターン 4-1　トークの目的を問う …… 134
- パターン 4-2　「聞き手」が誰かを問う …… 136
- パターン 4-3　トークの発言の意図を問う …… 138
- 問題 4-6 のトークの流れ …… 140
- パターン 4-4　「話し手」が誰かを問う …… 142
- パターン 4-5　トークの一部の情報を問う …… 144
- パターン 4-6　図表とトークの情報を統合する …… 146
- **Part 4** 練習問題 …… 148
- **Part 4** 練習問題の解答と解説 …… 152
- **Part 4** 頻出単語・フレーズ …… 168

Part 4 概要と攻略の流れ

問題数
30 問
目標正解数
18 問

6 割以上の正解を目指せ！

どういう問題？

1 人によるトークを聞いて、設問に答える問題です。1 つのトークにつき 3 つの設問が用意され、全部で 10 のトークがあります。設問の中には、トークと関連する図を見て答えを選ぶタイプの問題もあります。トークはテストブックに印刷されておらず、音声は 1 度しか流れません。

どういう流れ？

❶ Directions（指示文）の音声が流れる

最初にテストブックに印刷されている下記の Directions（指示文）の音声が流れます。

47

PART 4

Directions: You will hear some talks given by a single speaker. You will be asked to answer three questions about what the speaker says in each talk. Select the best response to each question and mark the letter (A), (B), (C), or (D) on your answer sheet. The talks will not be printed in your test book and will be spoken only one time.

【訳】PART 4

指示：1 人の話し手によるトークを聞きます。それぞれのトークで話し手が話していることに関する 3 つの設問に答えます。各設問について最も適切な返答を選び、解答用紙の (A)、(B)、(C)、(D) の記号にマークしてください。トークはテストブックに印刷されておらず、1 度しか流れません。

❷ トークの音声が流れる

テストブックには、次のような設問が3つずつ印刷されています。

〈例〉

71. What is the purpose of the talk?
(A) To welcome new staff
(B) To discuss an advertising strategy
(C) To explain a new product
(D) To gather customer input

【訳】71. このトークの目的は何ですか。
(A) 新しいスタッフを迎える
(B) 宣伝の戦略について話し合う
(C) 新製品について説明する
(D) 顧客情報を集める

Directionsに続いて、トークの音声が流れます。トークが終わってから2秒後に、設問文の音声が読まれます。

〈例〉

No.71 What is the purpose of the talk?

❸ 解答時間は、8秒間または12秒間

会話が終わったら、3つの設問に解答することになります。通常の設問は8秒、図を見て答える問題は12秒の解答時間があります。すばやく設問に解答して、次の会話に備えましょう。

攻略の流れ

攻略 1 設問を先読みして「日本語で」内容を頭に入れる

Part 3と同様に、トークが始まる前に、3つの設問を1つずつ読んでいきます。意味を理解したら、日本語で頭に入れていきます。こうすることで、トークから拾うべき情報を予測しやすくなります。

〈例〉

71. What is the purpose of the talk?
何？　目的　トークの

この設問は、トークの目的を問う問題です。「トーク」「目的」といったキーワードを頭に入れておきましょう。トークにはアナウンスメント、スピーチ、職場でのトーク、留守番電話のメッセージ、ラジオのCMなどさまざまな種類がありますが、意図・目的は、たいていはトークの冒頭部～前半で述べられます。

ほかの2問についても同様に、設問の内容を日本語で頭に入れておきます。

攻略 2 トークを聞いて、設問に関する情報を拾う

例えばトークの目的を問う問題では、トークの目的は冒頭部～前半で話されることを意識して、各文を［主語＋動詞］を中心に意味を頭に入れながら聞いていきます。トークの目的は多くの場合、I'd like to tell you（みなさんに～をお伝えしたいと思います）といったフレーズで伝えられることに注意して聞き取ります。

I'd like to explain some of its key features. The KL-750 is our most advanced laser printer yet.

I'd like to ～の代わりに、Let me ～（～させてください）やI'm going to ～、I'll ～（～いたします）のように表現されることもあります。

攻略 3 トークを最後まで聞いてから、設問に解答する

1つの設問に解答するための必要な情報が得られたら、その時点で設問を解こうとはせずに引き続きトークを聞いて、残りの設問に関する情報を聞くようにします。もし、途中で設問を解こうとして、選択肢を読んだり解答をマークしたりすると、残りのトークで他の設問の正解が述べられる箇所を聞き逃してしまうからです。

トークが終わったら、すばやくもう一度設問と選択肢に目を通して、解答を選びます。

〈例〉

71. What is the purpose of the talk?
(A) To welcome new staff
(B) To discuss an advertising strategy
(C) To explain a new product
(D) To gather customer input

【訳】71. このトークの目的は何ですか。
(A) 新しいスタッフを迎える
(B) 宣伝の戦略について話し合う
(C) 新製品について説明する（正解）
(D) 顧客情報を集める

トーク中の I'd like to explain some of its key features. の前後から、its は「新しい KL-750」を指して用いられていることがわかります。これを言い表している選択肢 (C) をマークします。

同様の手順で残りの 2 つの設問に解答したら、すぐに次の問題の設問の先読みを開始しましょう。次のトークが始まるまでに、3 つの設問とできれば選択肢の先読みを終えられると理想的です。

Part 4 サンプル問題

48 ファイル 48 の音声を聞いてください。1 人の話し手によるトークを聞いて、それぞれの設問について 4 つの答えの中から最もふさわしいものを選び、下記の解答欄の (A) ～ (D) のいずれかにマークしてください。

1. What is the purpose of the talk?
(A) To welcome new staff
(B) To discuss an advertising strategy
(C) To explain a new product
(D) To gather customer input

2. Who most likely are the listeners?
(A) Engineers
(B) Salespeople
(C) Customers
(D) Shareholders

3. What does the speaker mean when he says, "I'm sure you're all as excited as I am"?
(A) The listeners look confused.
(B) He is not happy.
(C) He wants to hear some opinions.
(D) The listeners must have the same feeling he has.

1.	Ⓐ	Ⓑ	Ⓒ	Ⓓ
2.	Ⓐ	Ⓑ	Ⓒ	Ⓓ
3.	Ⓐ	Ⓑ	Ⓒ	Ⓓ

AGENDA
-Review of first quarter's performance
-Budget allocation
-Ideas for saving money
-Proposal for merger with Carlton Inc.

4. What department does the speaker work in?
(A) Planning
(B) Accounting
(C) Human Resources
(D) Marketing

5. What does the speaker expect the review of the first quarter to reveal?
(A) Things were better than predicted.
(B) Performance has been unsatisfactory.
(C) There were many costly new projects.
(D) Sales figures have been on an upward trend.

6. Look at the graphic. Which item on the agenda does the speaker consider the most important?
(A) Review of first quarter's performance
(B) Budget allocation
(C) Ideas for saving money
(D) Proposal for merger with Carlton Inc.

4.	Ⓐ Ⓑ Ⓒ Ⓓ
5.	Ⓐ Ⓑ Ⓒ Ⓓ
6.	Ⓐ Ⓑ Ⓒ Ⓓ

問題 1-3 のトークの流れ

Questions 1 through 3 refer to the following talk. 49

It's great to see you all here, and I'm sure you're all as excited as I am about the new KL-750 — I hope so, since you're the ones who are going to be selling it! But before you go out and start making those sales, I'd like to explain some of its key features. The KL-750 is our most advanced laser printer yet, and it's a big step up from the old KL-700. It's faster, it produces better-quality images, and in a first for this series, it has built-in wireless networking. Now, if you'll look at the info sheets I handed out earlier, let's look at those features in detail.

【訳】問題 1-3 は次のトークに関するものです。

ここでみなさんにお目にかかれてうれしく思います。新たな KL-750 について、みなさんも私と同様にわくわくされていることと思いますし、そう願っています。というのも、みなさんが販売を担当することになるからです。外に出て販売を始める前に、この製品の重要な特性について説明したいと思います。KL-750 はいまのところ当社の最新鋭のレーザープリンターで、従来の KL-700 から大きく進歩しています。高速化し、さらに品質の高い画質を出力できるとともに、このシリーズで初めてワイヤレス・ネットワークシステムを内蔵しています。それでは、先ほどお配りした情報シートをご覧いただき、特性の詳細について見ていきましょう。

赤字の部分を中心にトークの流れを把握する

It's great to see you all here,

定型フレーズの挨拶から始まる ▶ It's great to see you は「お目にかかれてとてもうれしいです」の意。It's が省略されることもあります。

I'm sure you're all as excited as I am about the new KL-750

KL-750 という新製品について言及する ▶ excited about（～についてわくわくしている、～を楽しみに待つ）を聞き取りましょう。聴衆のみなさんが新しい KL-750 に、自分と同じくらい期待を寄せていると思うと話し手は述べています。

since you're the ones who are going to be selling it!

聴衆が期待を寄せている理由を述べる ▶ since は because と同じ「～なので」と理由を表すときにも使われます。ここでは、「みなさんが販売を担当することになるからです」とその理由を述べていますね。

I'd like to explain some of its key features. The KL-750 is our most advanced laser printer yet,

新製品の重要な特性について説明する ▶「この製品の重要な特性について説明したいと思います。KL-750 はいまのところ当社の最新鋭のレーザープリンターです」と述べています。ここで話し手がトークの目的を I'd like to で語っていることに気づきましょう。

【語句】

□ make sales	販売する	□ advanced	【形】進化した、上級の
□ key	【形】極めて重要な	□ built-in	【形】内蔵された
□ feature	【名】特徴、特性	□ hand out	配る

パターン 4-1 難易度 ★★☆

トークの目的を問う

トークの目的は冒頭部〜前半に！

1. What is the purpose of the talk?

(A) To welcome new staff

(B) To discuss an advertising strategy

(C) To explain a new product

(D) To gather customer input

【訳】このトークの目的は何ですか。
(A) 新しいスタッフを迎える
(B) 宣伝の戦略について話し合う
(C) 新製品について説明する（正解）
(D) 顧客情報を集める

攻略 1 設問を先読みして「日本語で」内容を頭に入れる

What is the purpose of the talk?

トークの目的を尋ねる設問です。トークの目的は基本的に冒頭部〜前半部分で I'd like to talk about ～（～についてお話ししたく思います）や I'm pleased to announce ～（～について喜んでお知らせします）のようなフレーズとともに語られる場合が多く、(in order) to do（～するために）で表現されることもあります。このタイプの設問には、以下のような種類があります。

◆パターン 4-1 のほかの設問例

・What is the main purpose of the event?
（このイベントの主な目的は何ですか）

攻略 2 トークを聞いて、設問に関する情報を拾う

I'd like to explain some of its key features. The KL-750 is our most advanced laser printer yet,

I'd like to ～（～したいと思います）は、トークの目的を語るときに頻出のフレーズで、to 以下には動詞の原形が続きます。ここでは I'd like to explain（説明したいと思います）と話し、説明する対象は some of its key features（この製品の重要な特性）であると、続けて述べています。

ここで its は前出の new KL-750（新しい KL-750）という商品であると文脈から予測できます。また仮に初出の new KL-750 を聞き逃していたとしても、some of its key features の直後で The KL-750 is our most advanced laser printer yet（KL-750 は今のところ当社の最新鋭のレーザープリンターで）と述べていますので、迷いなく新しい KL-750 の説明を行うのだと判断してください。

攻略 3 トークを最後まで聞いてから、設問に解答する

(C) To explain a new product

攻略 2 で見たキーセンテンスの内容を表しているのは (C) です。a new product（新製品）はもちろん new KL-750 のことを指しています。選択肢の中で、トークの途中で正解だと思った選択肢があっても、そう確認しておくにとどめ、解答用紙にマークするのはトークを最後まで聞いてからにしましょう。

(C) をマークする！

パターン 4-2　難易度 ★☆☆

「聞き手」が誰かを問う

複数のキーワードから連想する

2. Who most likely are the listeners?

(A) Engineers

(B) Salespeople

(C) Customers

(D) Shareholders

【訳】聞き手は誰だと考えられますか。
(A) 技術者
(B) 販売員（正解）
(C) 顧客
(D) 株主

攻略 1 設問を先読みして「日本語で」内容を頭に入れる

Who most likely are the listeners?

トークの対象、つまり聞き手は誰か、どんな人たちかと問う設問です。トークの目的を理解できればほぼ自動的に正解できますが、トークの詳細がわからない場合でも、キーワードを複数キャッチして、その共通項を探っていくことで正解できる場合も多々あります。

◆パターン 4-2 のほかの設問例

・**Who is the audience for the talk?**
（このトークの聴衆は誰ですか）

・**Who is the speaker most likely talking to?**
（話し手は誰に話していると考えられますか）

攻略 2 トークを聞いて、設問に関する情報を拾う

I'm sure you're all as excited as I am about the new KL-750 — I hope so, since you're the ones who are going to be selling it!

話し手は、自分と同様に、聞き手も新しい KL-750 にわくわくしているだろうと言い、その理由を since 以下で「というのも、みなさんが販売を担当することになるからです」と述べています。ここから、聞き手である you が販売担当者であることが明確にわかります。

もしセンテンス単位で情報が拾えない場合でも、繰り返されるキーワードから連想しましょう。

・going to be selling it（販売を担当することになる）
・start making those sales（販売を始める）

「販売」に関するキーワードが繰り返されていますね。もちろん、これらのキーワードが用いられていても、常に聞き手が「販売する側」とは限りませんが、センテンス単位で文意をとることが難しい場合は、こういったキーワードからアプローチしてみましょう。

攻略 3 トークを最後まで聞いてから、設問に解答する

(B) Salespeople

「聞き手」のことはトークでは 2 人称の you で示されます。you're the ones who are going to be selling it! を聞き取れれば正解は (B) だとわかりますね。

(B) をマークする！

設問が Who most likely is the speaker?（話し手は誰だと考えられますか）の場合はトークの中で 1 人称を表す I や We を手がかりに聞き取ります。

【語句】

□ shareholder 【名】株主

パターン 4-3 難易度 ★★★

トークの発言の意図を問う

引用部分の意味を理解しておく！

3. What does the speaker mean when he says, "I'm sure you're all as excited as I am"?

(A) The listeners look confused.
(B) He is not happy.
(C) He wants to hear some opinions.
(D) The listeners must have the same feeling he has.

【訳】話し手が"I'm sure you're all as excited as I am"という際、何を意図していますか。
(A) 聞き手が混乱しているようだ。
(B) 彼はうれしくない。
(C) 彼は彼らの意見が聞きたい。
(D) 聞き手は同じ気持ちに違いない。（正解）

攻略 1 設問を先読みして「日本語で」内容を頭に入れる

What does the speaker mean when he says, "I'm sure you're all as excited as I am"?

この設問はトーク中の発言の一部の意図を問うものです。ここでは「みなさんも私と同様にわくわくされていることと思います」と文意を把握しておきます。そしてここから、そのわくわくしている「対象」は何かに注意してトークを聞こうと心構えをしておきましょう。

◆パターン 4-3 のほかの設問例

・What does the speaker imply when she says, "　"?
（話し手が"　"と言う際、何を示唆していますか）

・Why does the speaker say, "　"?
（話し手はなぜ"　"と言っていますか）

攻略 2 トークを聞いて、設問に関する情報を拾う

I'm sure you're all as excited as I am about the new KL-750 — I hope so, since you're the ones who are going to be selling it!

as 形容詞 / 副詞 as A は「A と同じくらい〜だ」の意。設問 2 でも見た通り、話し手は、自分と同様に、聞き手も新しい KL-750 にわくわくしているだろうと述べているのですね。

攻略 3 トークを最後まで聞いてから、設問に解答する

(D) The listeners must have the same feeling he has.

選択肢がこのようにセンテンスの場合、読むのに少し時間がかかりますが、[主語+動詞] で文章を把握する練習を重ねて、選択肢の意味を早く理解できるようになりましょう。must は「〜に違いない」の意味を動詞に付け加える助動詞です。「〜しなければならない」という have to とほぼ同じ意味を表すこともありますが、「〜に違いない」の意味でも多用されるので、ぜひ覚えておきましょう。正解は (D) です。

(D) をマークする！

【語句】

□ confused 【形】混乱して

パターン
4-4
▼
4-6

問題 4-6 のトークの流れ

Questions 4 through 6 refer to the following voice mail message and agenda.

50

Hi, Tim. This is Maria Ortiz from Marketing. Before you leave tonight, I'd like to set up a brief chat with you to preview some ideas I'm planning to bring up in tomorrow's meeting. In particular, I'd like to discuss some ideas I have for cost-cutting measures. I think this is the most important issue that the company must deal with right now, especially in view of what we expect to be some rather poor figures from the first quarter. I'd also like to discuss your position on the merger and make sure we're on the same page.

【訳】問題 4-6 は次のボイスメールと議題に関するものです。

こんにちは、Tim。マーケティング部の Maria Ortiz です。今夜あなたが帰る前に、ちょっとした話し合いを行って、明日の会議で提案しようと思っているアイデアを事前に説明したいと思います。特に、コスト削減の方策に関する私のアイデアについて話し合いたいのです。特に第 1 四半期の数字がかなり悪くなると予測されることを考慮すれば、これは会社がただちに対処しなくてはならない最重要課題だと思います。また、合併に関するあなたの見解についても話し合って、私たちが同じ考えを持っていることを確認したいと思います。

赤字の部分を中心にトークの流れを把握する

This is Maria Ortiz from Marketing.

話し手の名前・所属が述べられる ▶ from Marketing は「マーケティング部所属の」の意。

I'd like to set up a brief chat with you to preview some ideas I'm planning to bring up in tomorrow's meeting.

聞き手にちょっとした話し合いを行いたいと要望を伝える ▶ 話し手は聞き手に対して、set up a brief chat with you（ちょっとした話し合いを行う）ことをしたいと述べています。文の後半ではその理由を「明日の会議で提案しようと思っているアイデアを事前に説明」することだと伝えています。

In particular, I'd like to discuss some ideas I have for cost-cutting measures.

特に話し合いたい事柄について言及する ▶ in particular は「特に」ということで、トピックを絞ったり、強調したいときに使われます。especially も同様です。ここで「特にコスト削減の方策について私のアイデアについて話し合いたい」と話し手は述べています。

especially in view of what we expect to be some rather poor figures from the first quarter.

話し手が問題だと考えていることの根拠を述べる ▶ we expect から話し手の推測する内容をつかみます。第1四半期の決算内容が思わしくないと思っていることがわかります。

【語句】

□ agenda	【名】課題、議題	□ deal with	～に対処する
□ bring up	提起する	□ in view of	～を考慮して
□ in particular	特に、とりわけ	□ figure	【名】数字
□ measure	【名】手段、方策	□ position	【名】見解、立場
□ issue	【名】重要な問題	□ on the same page	同じ考えを持っている

パターン 4-4　難易度 ★☆☆

「話し手」が誰かを問う

職種に関するキーワードを探せ！

4. What department does the speaker work in?

(A) Planning

(B) Accounting

(C) Human Resources

(D) Marketing

【訳】話し手はどの部署で働いていますか。
(A) 企画部
(B) 会計部
(C) 人事部
(D) マーケティング部（正解）

攻略1 設問を先読みして「日本語で」内容を頭に入れる

What department does the speaker work in?

この設問は、「話し手はどの部署で働いていますか」という意味です。department は「部署」のことです。

◆パターン 4-4 のほかの設問例

・Who most likely is the speaker?
（話し手は誰だと考えられますか）

・What most likely is the speaker's job?
（話し手の仕事は何だと考えられますか）

・Where does the speaker most likely work?
（話し手はどこで働いていると考えられますか）

攻略 2 トークを聞いて、設問に関する情報を拾う

Hi, Tim. This is Maria Ortiz from Marketing.

「もしもし、Tim。こちらはマーケティング部の Maria Ortiz です」と話し手は言っています。This is は電話での会話で「私は～です」と名乗るときの表現です。

また、from Marketing は「マーケティング部（に所属）の」という意味です。Sales（営業部）、Accounting（経理部）、Personnel または Human Resourses（人事部）など、どの業種の会社にもある主な部署名は覚えておきましょう。

攻略 3 トークを最後まで聞いてから、設問に解答する

(D) Marketing

トークの中で氏名に続けて部署名が述べられています。これを聞き取れれば正解が (D) だとわかりますね。氏名の後には役職や肩書きが述べられることもあります。設問に合わせて、氏名の直後をチェックしてください。

(D) をマークする！

【語句】
□ department 【名】部署

パターン 4-5 難易度 ★★★

トークの一部の情報を問う

設問のキーワードを探せ！

5. What does the speaker expect the review of the first quarter to reveal?

(A) Things were better than predicted.
(B) Performance has been unsatisfactory.
(C) There were many costly new projects.
(D) Sales figures have been on an upward trend.

【訳】話し手は第１四半期の報告で何が明らかになると予測していますか。
(A) 事態が予測されていたよりもよくなった。
(B) 業績が満足いくものではない。（正解）
(C) 多額の経費がかかるプロジェクトがあった。
(D) 売上高が上昇傾向にある。

攻略1 設問を先読みして「日本語で」内容を頭に入れる

What does the speaker expect the review of the first quarter to reveal?

「話し手は第１四半期の報告で何が明らかになると予測していますか」と聞いています。つまり、話し手が第１四半期の決算内容をどう予測しているか尋ねているわけです。expect（予測する）や the first quarter（第１四半期）をキーワードとして、業績に関する情報を捉えようという準備をしておきます。

◆パターン 4-5 のほかの設問例

・What does the speaker offer to do?
（話し手は何をすると申し出ていますか）

・What does the speaker ask listeners to do?
（話し手は聞き手に何をするように頼んでいますか）

攻略 2 トークを聞いて、設問に関する情報を拾う

especially in view of what we expect to be some rather poor figures from the first quarter.

設問にあった expect（予測する）と the first quarter（第 1 四半期）というキーワードが入ったこの部分から、話し手によれば、第 1 四半期は poor figures（悪い数字）になると予測していることがわかります。

攻略 3 トークを最後まで聞いてから、設問に解答する

(B) Performance has been unsatisfactory.

攻略 2 で確認した内容を要約している選択肢を探します。業績が悪化すると予測しているのですから、反対にプラスの予想になっている (A) と (D) は不正解です。(C) の「経費のかかるプロジェクトがたくさんあった」は、トーク中にないので間違いです。というわけで、正解は (B) ですね。「悪い数字になる」を「業績が満足のいくものではない」と、全体的に言い換えています。

(B) をマークする！

【語句】

□ review	【名】報告	□ unsatisfactory	【形】不満足な
□ reveal	【動】～を明らかにする	□ costly	【形】費用のかかる
□ predict	【動】～を予測する	□ sales figures	【名】売上高
□ performance	【名】業績、成績	□ upward	【形】上向きの

パターン 4-6 難易度 ★★☆

図表とトークの情報を統合する

図表中の重要な情報に的を絞る！

6. Look at the graphic. Which item on the agenda does the speaker consider the most important?

(A) Review of first quarter's performance
(B) Budget allocation
(C) Ideas for saving money
(D) Proposal for merger with Carlton Inc.

AGENDA
-Review of first quarter's performance
-Budget allocation
-Ideas for saving money
-Proposal for merger with Carlton Inc.

【訳】図を見てください。話し手は議題のどの項目が最も重要だと考えていますか。
(A) 第１四半期の成績の再検討
(B) 予算配分
(C) 経費節減のアイデア（正解）
(D) Carlton 社との合併案

議題
第１四半期の成績の再検討
予算配分
経費節減のアイデア
Carlton 社との合併案

攻略1 設問を先読みして「日本語で」内容を頭に入れる

> Look at the graphic. Which item on the agenda does the speaker consider the most important?

テストブックに印刷されている図を見て答える問題です。まず設問を読んで、図のどこを見るべきか確認します。これを直訳すれば「話し手は議題のどの項目が最も重要だと考えていますか」となります。つまりトークでは、話し手が議題の１つを最も重要だと述べているはずだと予測できます。

そして、先読み時に、図もしっかり見ておきましょう。わからない語句があってもあまり気にしないでください。わかるものだけ意味を拾っておきましょう。

攻略2 トークを聞いて、設問に関する情報を拾う

> In particular, I'd like to discuss some ideas / I have for cost-cutting measures. / I think / this is the most important issue...

「特にアイデアについて話し合いたいのです / コスト削減の方策について / 私は思います / これが最重要課題だと」と述べています。必要な情報は一文中に盛り込まれているとは限らないので、聞こえてきた通りに、［主語＋動詞］を軸に情報を拾っていきましょう。

攻略3 トークを最後まで聞いてから、設問に解答する

> (C) Ideas for saving money

攻略２で見たキーセンテンス中の some ideas I have for cost-cutting measures（コスト削減の方策のためのアイデア）を言い換えている (C) が正解です。「経費を節減する」が save money と表現されています。

(C) をマークする！

【語句】

□ budget	【名】予算（案）	□ proposal	【名】提案、企画案
□ allocation	【名】割り当て、配分	□ merger	【名】合併

Part 4 練習問題

51 ファイル 51 の音声を聞いてください。1 人の話し手によるトークを聞いて、それぞれの設問について 4 つの答えの中から最もふさわしいものを選び、下記の解答欄の (A) ~ (D) のいずれかにマークしてください。

1. Where is the announcement taking place?
(A) At a flooring company
(B) At a bookstore
(C) At a government office
(D) At a delivery firm

2. According to the speaker, what is now available?
(A) Free shipping
(B) A downstairs café
(C) A reading lounge
(D) Book signing by an author

3. What reminder does the speaker give the listeners?
(A) A discount is still available.
(B) An elevator is out of order.
(C) A renovation is taking place.
(D) A store will be closed.

1.	(A) (B) (C) (D)
2.	(A) (B) (C) (D)
3.	(A) (B) (C) (D)

4. Who are the listeners?

(A) Event organizers

(B) Restaurant workers

(C) Customers

(D) Suppliers

5. What special event will take place tonight?

(A) A store will close early.

(B) A seminar will be held.

(C) A new restaurant will open.

(D) A company merger will be agreed.

6. Why does the speaker say, "please tell them about the specials that we have available"?

(A) To warn customers of problems that may arise

(B) To express gratitude to the staff

(C) To give choices to staff members

(D) To recommend menu items to the customers

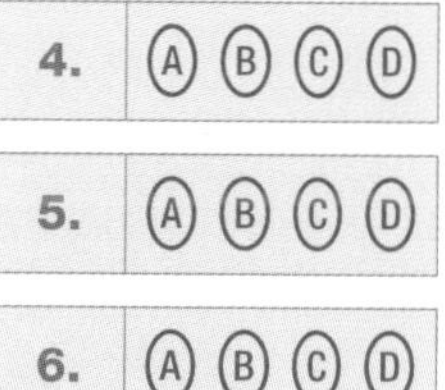

7. Why is the speaker calling the listener?

(A) To discuss his job application

(B) To inquire about his services

(C) To check on his progress with a contract

(D) To organize a research session

8. What does the speaker say happened recently?

(A) Her project ran overtime.

(B) Her employment agreement expired.

(C) Her company hired some staff.

(D) Her time management skills improved.

9. What does the speaker imply when she says, "many of whom are recent graduates"?

(A) Their grades were excellent.

(B) They all graduated from the same college.

(C) They are on part-time contracts.

(D) They lack experience.

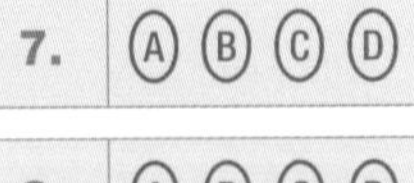

SCHEDULE

10:30 A.M. – Opening address
11:00 A.M. – Lecture (followed by 1 hour for lunch)
1:30 P.M. – Seminars
3:00 P.M. – Workshop sessions

10. What is the purpose of the talk?
(A) To explain the schedule
(B) To welcome some guests
(C) To discuss plans for a publication
(D) To develop a new product

11. Who is Mary Wong?
(A) A CEO
(B) An expert
(C) A trainer
(D) A business owner

12. Look at the graphic. Which section will be affected by the schedule change?
(A) The opening address
(B) The lecture
(C) The seminars
(D) The workshops

10.	Ⓐ Ⓑ Ⓒ Ⓓ
11.	Ⓐ Ⓑ Ⓒ Ⓓ
12.	Ⓐ Ⓑ Ⓒ Ⓓ

問題 1-3 のトークの流れ

52

Questions 1 through 3 refer to the following announcement.

Good afternoon to all Boxes Bookstore customers. As you may have already noticed, our new reading lounge is now open and ready to use. You'll find it on the upper floor of the store, to the right of the elevators. Please feel free to enjoy the lounge by settling down there with your choice of book from our fantastic selection. And don't forget that our three-for-two offer on all paperback fiction titles is still on, so you can save money and relax at the same time here at Boxes.

【訳】問題 1-3 は次のお知らせに関するものです。

Boxes Bookstore にお越しのみなさん、こんにちは。お気づきかもしれませんが、現在、新しい読書用ラウンジがオープンし、ご利用いただけるようになっています。ラウンジはこの店舗の上の階で、エレベーターの右側にあります。私どもの素晴らしい品ぞろえから本をお選びいただき、おくつろぎいただきながら、ご自由にラウンジをお楽しみください。ペーパーバックのフィクション作品については、2 冊分の金額で 3 冊買えるキャンペーンがまだ継続していることをお忘れなく。ここ Boxes でお得なお買い物をして、同時にリラックスした時間をお過ごしください。

赤字の部分を中心にトークの流れを把握する

Good afternoon to all Boxes Bookstore customers.

聴衆への挨拶を述べる ▶ Hello to ～、Good morning to ～、Good afternoon to ～などの直後に聞き手が示されます。ここから Boxes Bookstore の顧客向けへのお知らせだとわかります。

our new reading lounge is now open and ready to use

お知らせの内容を伝える ▶ now（今）は、これまでとは違って「今」こうなりました、と変化を示すときによく用いられます。ここでは「現在、新しい読書用ラウンジがオープンし、ご利用いただけるようになっています」と情報が提供されています。

And don't forget that our three-for-two offer on all paperback fiction titles is still on,

聴衆に注意を喚起する ▶ don't forget は「忘れないでください」と相手に情報を印象づけようとするときの表現で、トークではお知らせや広告などに頻出します。ここでは our three-for-two offer（2 冊分の金額で 3 冊買えるキャンペーン）のことをリマインドしています。この our three-for-two offer の意味がわからなかったとしても、次に so you can save money とあるので、割引を提供していることが推測できます。

【語句】

□ upper	【形】上の
□ selection	【名】品ぞろえ
□ settle down	落ち着く

1. パターン 4-4 「話し手」が誰かを問う

難易度 ★☆☆

1. Where is the announcement taking place?
(A) At a flooring company
(B) At a bookstore（正解）
(C) At a government office
(D) At a delivery firm

【解説】
トーク冒頭の Good afternoon to all Boxes Bookstore customers(Boxes Bookstore にお越しのみなさん、こんにちは）をキャッチできれば、このお知らせがアナウンスされている場所は Boxes Bookstore という書店であると判断できます。また、reading lounge、choice of book、paperback などの語句からも書店をイメージできますね。

【訳】このお知らせはどこで行われていますか。
(A) 床材の会社
(B) 書店（正解）
(C) 官庁
(D) 配送会社

【語句】
□ flooring 【名】床材
□ government office 【名】官庁

2. パターン 4-5 トークの一部の情報を問う

難易度 ★☆☆

2. According to the speaker, what is now available?
(A) Free shipping
(B) A downstairs café
(C) A reading lounge（正解）
(D) Book signing by an author

【解説】
「話し手によると、現在何が利用できますか」と尋ねています。our new reading lounge is now open and ready to use（現在、新しい読書用ラウンジがオープンし、ご利用いただけるようになっています）を聞き取れれば (C) の「読書用ラウンジ」だと正解できます。

【訳】話し手によると、現在何が利用できますか。
(A) 無料の配送
(B) 階下のカフェ
(C) 読書用ラウンジ（正解）
(D) 著者による本のサイン会

【語句】
□ downstairs 【形】階下の

3. パターン 4-5 トークの一部の情報を問う

3. What reminder does the speaker give the listeners?

(A) A discount is still available.（正解）

(B) An elevator is out of order.

(C) A renovation is taking place.

(D) A store will be closed.

【解説】

設問は聞き手に対して何を注意喚起しているかと尋ねています。設問の先読み時に、トークの中で「覚えておいてください」の意の Please remember や don't forget、「必ず～してください」の意の Please make sure などが使われることを予想しておきましょう。ここでは don't forget に続いて「2 冊分の金額で 3 冊買えるキャンペーンが継続している」と述べているので、正解は (A) です。

【訳】 話し手は聞き手にどんなことに留意するように伝えていますか。

(A) 割引がまだ利用可能である。（正解）

(B) エレベーターが故障している。

(C) 改装が行われている。

(D) 店舗が閉店になる。

【語句】

☐ reminder 【名】通知、注意

☐ renovation 【名】改装

問題 4-6 のトークの流れ

53

Questions 4 through 6 refer to the following talk.

So, after all our hard work, tonight is the grand opening of our restaurant. Thank you, everyone, for everything you've done to prepare for this event. Before we welcome our first guests this evening, I just want to run through a few things so that we're all thinking the same thing. When you bring guests the menu, please tell them about the specials that we have available, and let them know about our free appetizer offer. Also, I'm sure that, like any restaurant, we'll experience some problems on our opening night. So, if anything happens that you don't know how to cope with, please let me know right away. I'll be responsible for handling any problems that arise.

【訳】問題 4-6 は次のトークに関するものです。

それで、私たちの尽力の結果、今夜が私たちのレストランの開店となります。みなさん、ありがとう。みなさんがこのイベントの準備のために行ってくれたすべてのことに感謝いたします。今夜の初めてのお客様を迎える前に、全員が同じことを考えられるようにいくつかのことをざっと説明しておきたいと思います。お客様にメニューをお持ちする際には、私たちが提供可能な特別料理について伝えてください。また、無料の前菜を提供していることについてもお知らせしてください。それに、どのレストランでも同じだと思いますが、開店の夜にはいくつかの問題を経験することになります。ですので、どう対処していいかわからないことが起こったら、すぐに私に知らせてください。発生するいかなる問題についても私が責任を持って対処します。

赤字の部分を中心にトークの流れを把握する

So, after all our hard work, tonight is the grand opening of our restaurant.

聴衆に今日が何の日かを伝える ▶「私たちの尽力の結果、今夜が私たちのレストランの開店となります」と述べています。新規開店前のレストランでの会話だと想像できます。

Thank you, everyone, for everything you've done to prepare for this event.

聴衆に謝意を伝える ▶「みなさんがこのイベントの準備のために行ってくれたすべてのことに感謝いたします」と、謝意を伝えています。このトークは、おそらくこの everyone（= you）に向けたものであると考えられます。

Before we welcome our first guests this evening, I just want to run through a few things

聴衆に話し手の目的を伝える ▶「今夜の初めてのお客様を迎える前に、いくつかのことをざっと説明しておきたいと思います」と目的を述べています。

When you bring guests the menu, please tell them about the specials that we have available,

聴衆に指示を与える ▶「お客様にメニューをお持ちする際には、私たちが提供可能な特別料理について伝えてください」と指示を出しています。聞き手はレストランで働く客席係だと推測できますね。

【語句】

□ run through	～を手短に説明する
□ special	【名】特別料理
□ appetizer	【名】前菜

4. パターン 4-2 「聞き手」が誰かを問う

難易度 ★☆☆

4. Who are the listeners?
(A) Event organizers
(B) Restaurant workers （正解）
(C) Customers
(D) Suppliers

【解説】
話し手は冒頭で tonight is the grand opening of our restaurant.（今夜が私たちのレストランの開店となります）と述べています。また、トーク中盤の When you bring guests the menu（お客様にメニューをお持ちする際には）から聞き手の you がお客様にメニューを渡す仕事をすることもわかります。正解は (B)「レストランの従業員」です。

【訳】聞き手は誰ですか。
(A) イベントの運営者
(B) レストランの従業員（正解）
(C) 顧客
(D) 納入業者

【語句】

□ organizer	【名】主催者、運営者
□ supplier	【名】納入業者

5. パターン 4-5 トークの一部の情報を問う

難易度 ★★☆

5. What special event will take place tonight?
(A) A store will close early.
(B) A seminar will be held.
(C) A new restaurant will open. （正解）
(D) A company merger will be agreed.

【解説】
設問の tonight（今夜）を見逃さずに、「今夜の出来事」を聞き取るようにしましょう。Before we welcome our first guests this evening と、話し手が tonight と同義の this evening について「初めてのお客様を迎える」と言っています。つまりレストランが今夜、新規開店することを示しています。正解は (C) です。

【訳】今夜はどんな特別なイベントが起こりますか。
(A) 店が早く閉店する。
(B) セミナーが開かれる。
(C) 新しいレストランが開店する。（正解）
(D) 会社の合併が合意に至る。

【語句】

□ merger	【名】合併
□ agree	【動】～で合意する

6. パターン 4-3 トークの発言の意図を問う

難易度 ★★★

6. Why does the speaker say, “please tell them about the specials that we have available”?

(A) To warn customers of problems that may arise
(B) To express gratitude to the staff
(C) To give choices to staff members
(D) To recommend menu items to the customers（正解）

【解説】

引用部分の意図を尋ねる設問です。文字通り訳すと「私たちが提供可能な特別料理について伝えてください」の意。つまり、「その日のスペシャルメニューをお客様にご案内してください」ということだと推測できます。正解は (D) です。もし迷ったら、消去法を使いましょう。選択肢はどれも to 不定詞で始まっていますから、動詞とそれに続く目的語をセットで「顧客に警告」などと意味を理解し、合わないものを除外していきます。

【訳】話し手はなぜ “please tell them about the specials that we have available” と言っていますか。

(A) 起こるかもしれない問題を客に知らせるため
(B) スタッフに感謝を表すため
(C) スタッフに選択肢を与えるため
(D) 客にメニューの料理を勧めるため（正解）

【語句】

□ express 【動】～を表す
□ gratitude 【名】感謝

問題 7-9 のトークの流れ

54

Questions 7 through 9 refer to the following telephone message.

Good morning. This is a message for Colin Tunnicliffe. My name's Annie Sorvino and I'm calling to find out if you could run a workshop at my firm, Sorvino Enterprises. We just took on a number of new recruits, many of whom are recent graduates. I want them all to get some training in effective time management. A former coworker of mine attended a session you gave at her company, and she recommended you to me. Could you please give me a call back to let me know what you could do for us? My direct number is 555-1092.

【訳】問題 7-9 は次の電話メッセージに関するものです。
おはようございます。Colin Tunnicliffe さん宛てのメッセージです。私は Annie Sorvino と申します。私の会社、Sorvino Enterprises でワークショップを開いていただけるかどうかお伺いしたくお電話しています。私どもはかなりの数の新入社員を採用したところで、そのほとんどは最近の卒業生です。彼ら全員に効率的な時間管理について研修を受けさせたいと思っています。私の元同僚が、彼女の会社であなたが行った会合に出席して、彼女があなたを私に推薦してくれました。あなたが私どもに何をしていただけるかお伺いしたいので、私に折り返し連絡をいただけますか。私の直通番号は、555-1092 です。

赤字の部分を中心にトークの流れを把握する

This is a message for Colin Tunnicliffe.
My name's Annie Sorvino

聞き手と話し手の名前が述べられる

I'm calling to find out if you could run a workshop at my firm, Sorvino Enterprises

電話の用件を述べる ▶ I'm calling to find out ～は「～について知りたくて電話をかけている」の意。ここでは「私ども、Sorvino Enterprisesでワークショップを開いていただけるかどうかお伺いしたくお電話しています」と依頼していることがわかります。

We just took on a number of new recruits ...

話し手の状況を説明する ▶「私どもはかなりの数の新入社員を採用したところです」の意。take on にはさまざまな用法がありますが、「(人を) 採用する」「(仕事などを) 引き受ける」の意でよく使われます。

many of whom are recent graduates

新入社員は新卒者だと述べる ▶ この前の部分と関連させて聞くと、whom は a number of new recruits のことだと理解できます。そして、採用した新入社員の多くは「最近の卒業生」、つまり、「新卒者」であると伝えています。

I want them all to get some training in effective time management.

依頼の目的を伝える ▶ them は文脈から前出の new recruits (新入社員) だと判断します。つまり、「彼ら全員に効率的な時間管理について研修を受けさせたい」と伝えています。

【語句】

□ find out	知る、調べる	□ training	【名】研修
□ take on	～を採用する	□ session	【名】会合

7. パターン 4-1 トークの目的を問う

難易度 ★★☆

7. Why is the speaker calling the listener?
(A) To discuss his job application
(B) To inquire about his services（正解）
(C) To check on his progress with a contract
(D) To organize a research session

【解説】
トークの目的は冒頭部～前半に話されることに注意して聞きます。話し手は名乗った後で I'm calling to find out に続けて、「私ども、Sorvino Enterprises でワークショップを開いていただけるかどうかお伺いしたい」と伝えています。これを To inquire about his services「業務について問い合わせるため」と言い換えている (B) が正解です。

【訳】話し手はなぜ聞き手に電話をしているのですか。
(A) 求人の申し込みについて話し合うため
(B) 業務について問い合わせるため（正解）
(C) 契約書の進捗について確認するため
(D) 調査会を組織するため

【語句】

□ inquire	【動】尋ねる
□ service	【名】業務

8. パターン 4-5 トークの一部の情報を問う

難易度 ★★☆

8. What does the speaker say happened recently?
(A) Her project ran overtime.
(B) Her employment agreement expired.
(C) Her company hired some staff.（正解）
(D) Her time management skills improved.

【解説】
設問中の recently（最近）という時を表す語句に注目し、We just took on a number of new recruits の中の just という単語に注意を向けてください。just は動詞の過去形とともに用いられると「ちょうど～したところ」と最近起こったことを表します。took on は「採用した」の意ですが、続く new recruits「新入社員」からも (C)「彼女の会社がスタッフを雇用した」が正解だと推測できます。

【訳】話し手は最近何が起こったと言っていますか。
(A) 彼女のプロジェクトが時間を超過した。
(B) 彼女の雇用契約が満了になった。
(C) 彼女の会社がスタッフを雇用した。（正解）
(D) 彼女の時間管理スキルが改善した。

【語句】

□ overtime	【副】時間を超越して
□ expire	【動】期限が切れる

9. パターン 4-3 トークの発言の意図を問う

難易度 ★★★

9. What does the speaker imply when she says, "many of whom are recent graduates"?
(A) Their grades were excellent.
(B) They all graduated from the same college.
(C) They are on part-time contracts.
(D) They lack experience.（正解）

【解説】

引用部分は「（採用者）のほとんどは最近の卒業生です」の意。つまり、「経験者」でなく「新卒者」だということです。この直後で I want them all to get some training（彼ら全員に研修を受けさせたい）と言っているところから、話し手は新入社員に（時間管理の）経験が不足していると感じていることがわかります。したがって正解は (D)「彼らは経験が不足している」です。

【訳】話し手が "many of whom are recent graduates" という際、何を示唆していますか。
(A) 彼らの成績は優秀である。
(B) 彼らは全員同じ大学を卒業した。
(C) 彼らはパートタイムの契約を結んでいる。
(D) 彼らは経験が不足している。（正解）

【語句】

□ grade	【名】	成績
□ lack	【動】	～を欠いている

問題 10-12 のトークの流れ

55

Questions 10 through 12 refer to the following talk and schedule.

I hope you have all received the schedule for tomorrow's training session. As you already know, the CEO will be giving the opening address. Giving the lecture and conducting the seminars will be our guest Mary Wong, author of "Surviving Tech" and an expert in using online media to grow business. During the seminars, you will discuss the ideas raised in the lecture and how they might be applied to real business challenges. Finally, you will break into small teams and work on your own to create online marketing plans based on various imaginary product ideas. Please be aware, however, that there will be a small change to the schedule. The sessions starting from 3 P.M. will now begin 30 minutes later than the scheduled time. I apologize for any inconvenience this may cause you.

【訳】問題 10-12 は次のトークとスケジュールに関するものです。

みなさんは、明日の講習会のスケジュールを受け取っていると思います。すでにご存じだと思いますが、CEO が開会のあいさつをすることになっています。*Surviving Tech* の著者で、オンラインメディアを使ってビジネスを成長させる専門家の Mary Wong をゲストに招いて、講演をしていただくとともに、セミナーを実施していただきます。セミナーの間、講演中に出てきたアイデアとそれを実際のビジネスの課題にどのように応用していくかについて話し合うことになります。最後に、みなさんは少人数のチームに分かれ、さまざまな仮想の製品アイデアをもとにオンラインマーケティング案をみなさん自身で作成することになります。しかし、スケジュールに若干の変更がありますのでご注意ください。午後 3 時からのセッションは、いまでは予定時刻よりも 30 分早く始まることになっています。ご不便をおかけして、申し訳ありません。

赤字の部分を中心にトークの流れを把握する

I hope you have all received the schedule for tomorrow's training session.

聞き手について確認する ▶「みなさんは、明日の講習会のスケジュールを受け取っていると思います」という意味です。ここから話し手は講習会の主催者あるいは主導者で、これから「明日の講習会」のスケジュールについて話すのだろうと予測できます。

the CEO will be giving the opening address

「明日の講習会の段取り」の説明に入る ▶「CEO が開会のあいさつをすることになっています」から、明日の講習会の段取りを話し始めたと推測できます。

Giving the lecture and conducting the seminars will be our guest Mary Wong

講演およびセミナーの担当者 Mary Wong を紹介する

Mary Wong, author of "Surviving Tech" and an expert in

Mary Wong の情報が述べられる ▶ Mary Wong は *Surviving Tech* という本の author（著者）で expert（専門家）だと話しています。

Please be aware, however, that there will be a small change to the schedule.

注意事項が説明される ▶「スケジュールに若干の変更がありますのでご注意ください」と述べています。however や but（逆接の接続詞）の後には重要な内容が話されます。

【語句】

□ training session	【名】講習会	□ challenge	【名】課題
□ opening address	【名】開会のあいさつ	□ imaginary	【形】仮想の
□ lecture	【名】講演	□ apologize	【動】謝罪する
□ apply	【動】適用する	□ inconvenience	【名】不便、迷惑

10. パターン 4-1 トークの目的を問う問題

難易度 ★★☆

10. What is the purpose of the talk?
(A) To explain the schedule（正解）
(B) To welcome some guests
(C) To discuss plans for a publication
(D) To develop a new product

【解説】
トークの目的は通常、冒頭～前半部で話されます。ここではI hope you have all received the schedule for tomorrow's training session.（みなさんは明日の講習会のスケジュールを受け取っていると思います）から、「明日の講習会のスケジュール」の説明だと推測します。その後も講習会の段取りを述べていますね。したがって、正解は(A)です。

【訳】このトークの目的は何ですか。
(A) スケジュールを説明する（正解）
(B) 数名のゲストを迎える
(C) 出版物の計画について話し合う
(D) 新製品を開発する

【語句】
□ publication 【名】出版（物）

11. パターン 4-5 トークの一部の情報を問う

難易度 ★☆☆

11. Who is Mary Wong?
(A) A CEO
(B) An expert（正解）
(C) A trainer
(D) A business owner

【解説】
設問にある固有名詞、Mary Wongに注意して聞くと、author of "Surviving Tech" and an expert in using online media to grow business.（*Surviving Tech* の著者で、オンラインメディアを使ってビジネスを成長させる専門家」と言っています。ここからauthor（著者）、expert（専門家）と肩書きを表す語を聞き取って判断します。

【訳】Mary Wongとは誰ですか。
(A) CEO
(B) 専門家（正解）
(C) トレーナー
(D) 事業主

【語句】
□ business owner 事業主

12. パターン 4-6 図表とトークの情報を統合する

難易度 ★★★

12. Look at the graphic. Which section will be affected by the schedule change?

(A) The opening address
(B) The lecture
(C) The seminars
(D) The workshops（正解）

【解説】

設問を先読みし、会のスケジュールに変更があることを想定して聞いていきます。a small change「若干の変更」という語句に続いて、The sessions starting from 3 P.M. will now begin 30 minutes later than the scheduled time. と述べられます。したがって、午後3時開始予定だったイベントが時間変更になるとわかり、図から (D) が正解だと判断します。

【訳】図を見てください。どのセクションがスケジュールの変更の影響を受けますか。

(A) 開会のあいさつ
(B) 講演
(C) セミナー
(D) ワークショップ（正解）

【語句】

□ workshop【名】ワークショップ、研修会

SCHEDULE
10:30 A.M. – Opening address
11:00 A.M. – Lecture (followed by 1 hour for lunch)
1:30 P.M. – Seminars
3:00 P.M. – Workshop sessions

【訳】

スケジュール

午前10時30分	開会のあいさつ
午前11時	講演（続いて1時間の昼食）
午後1時30分	セミナー
午後3時	ワークショップの時間

Part 4 頻出単語・フレーズ

56

頻出単語

□ participant	【名】	参加者、関係者
□ fine	【名】	罰金
□ workload	【名】	作業量、仕事量
□ voucher	【名】	商品引換券
□ forecast	【名】	予報
□ recession	【名】	景気後退、不況
□ bid	【名】	入札
□ fixture	【名】	設備
□ rental agency	【名】	不動産会社
□ vacancy	【名】	空き室
□ purchase	【名】	購入
□ groceries	【名】	食料雑貨類
□ courier	【名】	宅配業者
□ brochure	【名】	パンフレット
□ honor	【動】	栄誉を授ける
□ fasten	【動】	締める、留める
□ inspect	【動】	検査する
□ eligible	【形】	資格のある
□ designated	【形】	指定された
□ valid	【形】	有効な
□ variable	【形】	変えられる
□ unfavorable	【形】	否定的な
□ favorable	【形】	肯定的な
□ utmost	【形】	最上の
□ aboard	【形】	乗船して
□ complimentary	【形】	無料の、称賛する
□ enthusiastically	【副】	熱心に、熱狂的に
□ swiftly	【副】	迅速に
□ exceptionally	【副】	例外的に
□ approximately	【副】	およそ、ほぼ

頻出フレーズ

□ relocate to
〜に移転させる

□ take over
〜を引き継ぐ、〜を乗っ取る

□ take on
〜を引き受ける、〜を始める

□ withdraw from
〜から撤退する

□ take care of
〜の世話をする、〜を処理する

□ deal with
〜に対応する

□ concentrate on
〜に集中する

□ conscious of
〜を意識している

□ be furnished with
〜が備え付けられた

□ be superior to
〜に勝っている

□ be inferior to
〜に劣っている

□ be reluctant to
〜するのは気が進まない

□ on commission
歩合制で

□ instead of
〜でなく、〜の代わりに

Part 5

短文穴埋め問題の攻略

- Part 5 概要と攻略の流れ …… 170
- Part 5 を解くための文法のポイント …… 174
- Part 5 サンプル問題 …… 182
- パターン 5-1 適切な動詞の形を選ぶ …… 184
- パターン 5-2 適切な品詞を選ぶ …… 186
- パターン 5-3 適切な語句を選ぶ …… 188
- パターン 5-4 適切な代名詞を選ぶ …… 190
- パターン 5-5 適切な接続表現を選ぶ …… 192
- パターン 5-6 適切な関係代名詞を選ぶ …… 194
- Part 5 練習問題 …… 196
- Part 5 練習問題の解答と解説 …… 200
- Part 5 頻出単語・フレーズ …… 208

Part 5 概要と攻略の流れ

問題数 30 問
目標正解数 21 問

7 割以上の正解を目指せ！

どういう問題？

1 つの文にある空所を埋めるのに、最も適切な語句を 4 つの選択肢から選ぶ問題です。全部で 30 問が用意されています。

どういう流れ？

❶ Directions（指示文）は読み飛ばす

リーディングセクションの最初にある Part 5 には、リーディングセクションと Part 5 の Directions（指示文）が印刷されています。この指示文を読む必要はありません。

READING TEST
In the Reading test, you will read a variety of texts and answer several different types of reading comprehension questions. The entire Reading test will last 75 minutes. There are three parts, and directions are given for each part. You are encouraged to answer as many questions as possible within the time allowed.

You must mark your answers on the separate answer sheet. Do not write your answers in your test book.

Directions: A word or phrase is missing in each of the sentences below. Four answer choices are given below each sentence. Select the best answer to complete the sentence. Then mark the letter (A), (B), (C), or (D) on your answer sheet.

【訳】リーディングテスト

リーディングテストでは、さまざまな文書を読み、いくつかの種類の読解問題に答えます。リーディングテスト全体で75分間あります。3つのパートがあって、指示文が各パートに掲載されています。時間内にできる限り多くの問題に解答してください。

別紙の解答用紙に答えをマークしてください。テストブックに解答を書き込んではいけません。

指示：下記の文には、単語またはフレーズが空所になっています。各文の下には、答えが4つの選択肢で用意されています。文を完成させるために、最も適切な答えを選んでください。そして、解答用紙にある(A)、(B)、(C)、(D)の記号にマークしてください。

❷ 文を読み、設問を解く

テストブックには、問題が例えば次のように印刷されています。1問あたり約20秒を目安に、問題を解いていきます。

〈例〉

101. Toni Kelly's manager has confirmed that the singer's new album ------- next month.

(A) will be released
(B) released
(C) is releasing
(D) will release

攻略の流れ

攻略1 設問を頭から読み、空所のところで選択肢を見る

例えば、次のような設問であれば、a ------- のところで、選択肢を見ます。

1. The Gateway Bridge will provide for / a ------- shorter commute to the city's downtown.

(A) signify
(B) signified
(C) significant
(D) significantly

空所の手前までは、頭から「Gateway Bridge は可能にしている / ～を」のような感じで読んでいきます。provide for は「～を可能にする」という動詞句です。

攻略2 選択肢から問題のタイプを分析する

問題のタイプには以下のようなものがあります。

質問のパターン	選択肢の例
適切な動詞の形を選ぶ	mail / mailed / have mailed / be mailed
適切な品詞を選ぶ	exception / exceptional / exceptionally / except
適切な語句を選ぶ	permit / submit / admit / omit
適切な代名詞を選ぶ	you / your / yours / yourself
適切な接続表現を選ぶ	Because of / If / Although / In spite of
適切な関係代名詞を選ぶ	what / whose / whom / which

この例題の場合、signify の派生語が並んでいるので、「適切な品詞を選ぶ」問題に分類されます。

攻略③ 問題のタイプに沿って、根拠を見つけて解答

この例題であれば、空所の直前に冠詞の a、直後に shorter commute（さらに短い通勤）という［形容詞＋名詞］のかたまりがあります。冠詞の a から名詞の commute までが 1 つのかたまりとなるので、空所には形容詞の shorter を修飾する語が入ります。形容詞を修飾するのは副詞なので、significantly が正解だと判断することができます。

文法的あるいは意味的な根拠を考えて選択肢を選ぶことで、自信を持って正解を選ぶことができるようになります。

Part 5 を解くための
文法のポイント

英文の基本構造

英語のセンテンス構造の基本をここで押さえておきましょう。Part 5 全般を解くうえでの基本となるだけでなく、Part 5 で最頻出の「品詞問題」解法の重要なカギとなります。

❶ 主語と動詞が文の基本

文の基本は主語と動詞です。命令文を除くすべての文は主語と動詞から成立しています。

> BCD Hotel offers wedding packages.
> 主語 (BCD Hotel)　動詞 (offers)
> (BCD ホテルはウェディング・プランを提供している)

❷ 形容詞は名詞を修飾

形容詞は、名詞（または「名詞のかたまり」＝名詞句）を修飾します。

> BCD Hotel offers various wedding packages.
> 形容詞→ (various)　名詞 (wedding packages)
> (BCD ホテルはさまざまなウェディング・プランを提供している)

❸ 前置詞は名詞（句）・代名詞の前

前置詞は、名詞（句）・代名詞の前に置かれます。

> Mr. Taylor has collaborated with leading artists.
> 前置詞 (with)　名詞句（名詞のかたまり。ここでは形容詞＋名詞）(leading artists)
> (テイラーさんは、トップクラスのアーティストと共演してきた)

◆**こうやって活用！** **空所の前後を見れば、足りない品詞が特定できる！**

1. The shareholders have been satisfied with the ------- growth in profits.

(A) steadiness （名詞 / 安定）
(B) steady （形容詞 / 安定した）
(C) steadily （副詞 / 安定的に）
(D) steadies （名詞の複数形 / 決まった恋人）

☞ with は前置詞。前置詞の後には、名詞（句）・代名詞がくる。the ------- growth は名詞句。つまり、growth は名詞。名詞の前にきて名詞を修飾できるのは、形容詞。したがって、(B) が正解。

The shareholders have been satisfied with the steady growth in profits.
（株主らは、収益の堅実な伸張に満足している）

❹副詞は、形容詞、副詞、または文全体を修飾

副詞は、名詞（主語）や動詞と違って、文が成立するために必須な要素ではありません。次の例では、副詞の always が動詞の offers を修飾していますが、always がなくても文は成立します。

BCD Hotel always offers wedding packages.
副詞（常に）→ 動詞（提供している）
（BCD ホテルは常にウェディング・プランを提供している）

◆こうやって活用！ 空所の前後を見れば、足りない品詞が特定できる！

1. The city's economy has improved ------- since last year despite the global recession.
名詞 / 主語　動詞　副詞

(A) significance （名詞 / 重要性）
(B) significant （形容詞 / かなりの）
(C) significantly （副詞 / かなり）
(D) signify （動詞 / 重要である）

☞主語は The city's economy（その市の経済）、動詞は現在完了形で has improved（改善している）と、すでに文は完結しています。空所後の前置詞 since は、「過去の一時点からずっと」という時を表し、直後の last year と結びついて「昨年以来」の意。つまり、空所は直後の since 以下でなく、直前の動詞を修飾する副詞と考えます。よって、(C) が正解です。

The city's economy has improved significantly since last year despite the global recession.
（世界的景気後退にもかかわらず、その市の経済は昨年よりかなり上向きになっている）

また、副詞は動詞以外に、形容詞、副詞や文全体に説明を加えることができます。

BCD Hotel almost always offers wedding packages.
副詞（ほぼ）→副詞（常に）
（BCD ホテルはほぼ常にウェディング・プランを提供している）

BCD Hotel offers amazingly luxurious wedding packages.
副詞（驚くほど）→形容詞（豪華な）
（BCD ホテルは驚くほど豪華なウェディング・プランを提供している）

Recently BCD Hotel completed its renovation.
副詞（最近）→　文全体（BCD ホテルは改装を完了した）
（最近、BCD ホテルは改装を完了した）

◆こうやって活用！ 空所の前後を見れば、足りない品詞が特定できる！

1. Employees have been working ------- hard since the campaign started.

(A) exception （名詞 / 例外）
(B) exceptional （形容詞 / 例外的な）
(C) exceptionally （副詞 / 例外的に）
(D) except （前置詞 / ～を除いて）

☞ hard には形容詞「難しい、熱心な」のはたらきもあるが、hard は直後の since を修飾しているわけではないので形容詞でなく、副詞と考える。ここでは work hard で「熱心に働く」。空所は副詞の直前にあり、副詞を修飾できるのは副詞だけだから、正解は (C)。

Employees have been working exceptionally hard since the campaign started.
（従業員らはキャンペーン開始以来、これまでになく熱心に仕事をしている）

PART 1 PART 2 PART 3 PART 4 PART 5 PART 6 PAaRT 7

時制

Part 1を解くための文法のポイント（*p*.28 ～ *p*.31）でも取り上げましたが、Part 5で正解するために、時制や態について確認しておきましょう。

Part 5で出題される時制は、主に以下の4つです。文の時制を知る手がかりになるタイムワードをチェックしておきます。

❶現在

・現在を表すタイムワード

now（今）、at the moment（ちょうど今）、at present（現在）、presently（現在）、currently（現在）

❷過去

・過去を表すタイムワード

yesterday（昨日）、last week（先週）、last month（先月）、last year（昨年）、the previous day（前日）、the day before（前日）、previously（以前）

❸未来

・未来を表すタイムワード

tomorrow（明日）、the next day（翌日）、next week（来週）、next month（来月）、next year（来年）、in the future（将来）
upcoming（来る、次の）

❹現在完了（進行形）

・現在完了（進行形）を表すタイムワード

lately（最近）、recently（最近）、since（～以来ずっと）

*lately、recentlyは、そこで述べられている事柄が現在にも影響を及ぼしているとき、過去形とともに使われることもあります。

なお、現在完了（進行）形は、過去の一時点から現在までの継続・完了・経験を表します。動詞が動作を表す場合、現在完了進行形が多く用いられます。

◆こうやって活用！ タイムワードから、正しい時制が判断できる！

1. Employees ------- hard since the campaign started.
名詞 / 主語　動詞　副詞　タイムワード　動詞（過去形）

(A) work（現在形）
(B) are working（現在進行形）
(C) have been working（現在完了進行形）
(D) worked（過去形・過去分詞）

☞主語は Employees で正しい動詞を選ぶ問題。タイムワードに since(～以来ずっと）があり、since に過去時制の節が続いているので、過去の一時点から現在までを描写している現在完了進行形の (C) が正解。have worked という現在完了形が選択肢にあれば、それも正解。

Employees have been working hard since the campaign started.
（従業員らはキャンペーン開始以来、熱心に仕事をしている）

態

Part 5では、設問文が能動態か受動態かを問う問題も出題されます。主語と動詞の関わり方をきちんと確認すれば、態はすぐに見分けられます。

能動態：主語が能動的に動作を行う
受動態：主語が何かの動作を受ける
➡ [be動詞＋動詞の過去分詞]

つまり、主語みずからが、主体的に動作を行うのが能動態、主語に対して、他者が動作を行うのが受動態です。受動態は［be動詞＋動詞の過去分詞］で表します。

The store manager distributed new uniforms to all employees.
主語　動詞（能動態）
（店長は全従業員に新しいユニフォームを配った）

New uniforms were distributed to all employees
主語　動詞（受動態）
by the store manager.
（新しいユニフォームが全従業員に対して店長により配られた）

◆こうやって活用！ **主語が主体的に動詞の動作を行えれば、能動態！**

1. The application form must ------- to the Personnel
名詞句 / 主語 助動詞 動詞

Department by March 31st.

(A) mail （現在形）
(B) mailed （過去形・過去分詞）
(C) have mailed （現在完了進行形）
(D) be mailed （現在形 / 受動態）

☞選択肢には「郵送する」の意の動詞 mail のさまざまな形が並んでいます。主語は The application form（申請書）。空所直前には「～しなければならない」の意の助動詞 must があり、空所には動詞の原形が入るとまず判断します。この時点で過去形・過去分詞の (B) は NG。次に主語が動詞 mail のはたらきをするかどうか確認して態を見分けます。ここで主語は「申請書」ですが、これは人が「郵送する」ものであって、主語の「申請書」からみれば「郵送される」ものであるはずですね。したがって、受動態が正解です。受動態は［be 動詞＋動詞の過去分詞］で表しますので、(D) be mailed が正解です。

The application form must be mailed
to the Personnel Department by March 31st.
（申請書は 3 月 31 日までに人事部に郵送されなければならない）

Part 5 サンプル問題

文中の空所に当てはまる語句を 4 つの答えの中から選び、下記の解答欄の **(A)** ～ **(D)** のいずれかにマークしてください。

1. Toni Kelly's manager has confirmed that the singer's new album ------- next month.

(A) will be released
(B) released
(C) is releasing
(D) will release

2. Sky Air has ordered more ------- inspections of the wings of the world's largest passenger jet.

(A) frequent
(B) frequents
(C) frequently
(D) frequency

3. Applicants should ------- a résumé with a well-written, personalized cover letter via e-mail.

(A) permit
(B) submit
(C) admit
(D) omit

1.	Ⓐ	Ⓑ	Ⓒ	Ⓓ
2.	Ⓐ	Ⓑ	Ⓒ	Ⓓ
3.	Ⓐ	Ⓑ	Ⓒ	Ⓓ

4. The Remote Digital Recorder is the same as the Digital Recording Unit, except that ------- comes with a small remote control pad.

(A) it
(B) its
(C) he
(D) she

5. ------- the rise in fuel prices, we are no longer able to offer free delivering throughout the country.

(A) While
(B) Whether
(C) Due to
(D) In fact

6. I would like to thank Jack Pringle, ------- has agreed to deliver the keynote address at the annual conference.

(A) whichever
(B) who
(C) whose
(D) anyone

4.	Ⓐ Ⓑ Ⓒ Ⓓ
5.	Ⓐ Ⓑ Ⓒ Ⓓ
6.	Ⓐ Ⓑ Ⓒ Ⓓ

パターン **5-1** 難易度 ★★☆

適切な動詞の形を選ぶ

時制のキーワードもチェック！

1. Toni Kelly's manager has confirmed that the singer's new album ------- next month.

(A) will be released
(B) released
(C) is releasing
(D) will release

【訳】Toni Kelly のマネージャーは、新しいアルバムが来月発売されることを確認した。
(A) 発売されるだろう（正解）
(B) 発売された
(C) 発売している
(D) 発売するだろう

攻略 1 設問を頭から読み、空所のところで選択肢を見る

Toni Kelly's manager /	has confirmed /	that the singer's new
主語	動詞	

album -------

主語と動詞の意味を頭にしっかりと入れながら、文頭から意味をとっていきます。「Tony Kelly のマネージャーは（主語）/ 確認した（動詞）/ その歌手の新しいアルバム［空所］」と空所の直前まで意味を把握し、空所のところで選択肢を見ます。confirm は、後ろに［that 主語＋動詞］を伴い、「～であることを確認する」という意を表します。

攻略❷ 選択肢から問題のタイプを分析する

選択肢には、動詞 release のさまざまな形が選択肢に並んでいます。つまり、動詞問題です。(A) は［will be＋過去分詞］で未来を表す受動態。(B) は過去形か過去分詞。時制は不明。(C) は［be 動詞＋ing 形］で現在進行形、(D) は未来の能動態です。空所と対応する主語は、空所直前の名詞句 the singer's new album です。

攻略❸ 問題のタイプに沿って、根拠を見つけて解答する

(A) will be released

選択肢に異なる「態」が並ぶ場合は、主語と空所（動詞）の意味の結びつきを見ます。［be 動詞＋過去分詞］を受動態といい、「～される」という受け身の意味を表します。選択肢の中で受動態と能動態「～する」が混在する設問では、主語と空所に入る動詞の意味が合うかチェックしましょう。ここでは空所の主語 album と release の結びつきを確認します。release は、動詞の直後に目的語が必要な他動詞で、release A で「A を発売する」の意味。主語 album は「発売される」ものなので、未来を表す受動態の (A) が正解です。

(A) をマークする！

設問文は［主節＋ that 節（従属節）］という構造になっています。通常主節と従属節の時制は一致させますが、この設問文のように、従属節が事実上の未来を示す場合は、時制の一致は通常起こりません。

【語句】

□ manager【名】マネージャー、部長
□ confirm【動】～を確認する
□ release【動】～を発売する

パターン 5-2　難易度 ★☆☆

適切な品詞を選ぶ

空所の前後をしっかりチェック！

2. Sky Air has ordered more ------- inspections of the wings of the world's largest passenger jet.

(A) frequent
(B) frequents
(C) frequently
(D) frequency

【訳】Sky Air は世界最大のジェット旅客機の翼をより頻繁に検査するよう命じた。
(A) 頻繁な［形容詞］（正解）
(B) よく訪れる［動詞の３人称単数現在］
(C) 頻繁に［副詞］
(D) 頻度［名詞］

攻略 1 設問を頭から読み、空所のところで選択肢を見る

Sky Air / has ordered / more -------
主語　動詞

「Sky Air は（主語）/ 命じた（動詞）/ より多くの［空所］」と、主語と動詞を確認しながら、文頭から空所まで意味をとりましょう。order は「命じる、注文する」という動詞です。

攻略 2 選択肢から問題のタイプを分析する

4 つの選択肢はどれも frequent の派生語になっている品詞問題です。(A) は形容詞「頻繁な」、または動詞で「よく行く」の意。(B) は動詞の語尾に -s がついたもの（主語が 3 人称単数現在の場合）。(C) は副詞。(D) は名詞。

攻略③ 問題のタイプに沿って、根拠を見つけて解答する

品詞問題の場合、空所前後を見ることで、文が成立するために必要な品詞がわかります。

(A) frequent

ここでは、空所の直後は inspections と名詞になっています。空所は直後の inspections を修飾する形容詞と判断して、(A) frequent を選びます。

(A) をマークする！

なお、空所前の more は副詞。more frequent で「もっと頻繁な」の意味です。more は、「もっと大きい、もっと多くの」という形容詞のほか、「もっと多くのもの」という名詞の機能もあります。でも空所が直後の inspections という名詞を修飾していると考えれば、形容詞を迷わず選べます。

【語句】

□ order	【動】～を命令する	□ wing	【名】翼
□ inspection	【名】検査	□ passenger jet	【名】ジェット旅客機

パターン 5-3 難易度 ★★☆

適切な語句を選ぶ

コロケーションに気をつける！

3. Applicants should ------- a résumé with a well-written, personalized cover letter via e-mail.

(A) permit
(B) submit
(C) admit
(D) omit

【訳】応募者は自己について端的に述べた添え状と履歴書をメールで提出してください。
(A) 許可する
(B) 提出する（正解）
(C) 認める
(D) 除外する

攻略① 設問を頭から読み、空所のところで選択肢を見る

Applicants should -------
主語　　　　助動詞

「応募者は（主語）～すべき（助動詞）［空所］」と、主語と動詞を押さえながら文頭から意味をとろうとすると、すぐに空所がありますね。

攻略② 選択肢から問題のタイプを分析する

４つの選択肢はすべて動詞です。このように１つの品詞の異なる語が選択肢に並ぶ語彙問題では、知っている単語を１つずつ空所に入れて、文の意味をとりましょう。「誰々が何をした」「何々がどうなった」と主語と動詞を意識して全体の意味をつかみます。知っている単語の中で、文意が成立するものがあれば、それが正解です。

攻略3 問題のタイプに沿って、根拠を見つけて解答する

(B) submit

語彙問題では、正解の選択肢と文中の語句が結びついて、特定の意味を表すイディオムになっていたり、特定の語法になっていたりする場合があります。ここでは、動詞直後にある目的語 résumé（履歴書）に注意して、(B) submit（提出する）を選べば文意が合うと判断します。

(B) をマークする！

résumé は TOEIC テスト頻出語の1つで、send résumé（履歴書を送る）、attach résumé（履歴書を添付する）などもよく使われます。このようにセットで使われる「コロケーション」の知識を少しずつ増やしておくことも語彙問題攻略のカギになります。

【語句】

□ applicant	【名】応募者、申込者	□ personalized	【形】カスタマイズされた
□ résumé	【名】履歴書	□ cover letter	【名】添え状
□ well-written	【形】よく練られた	□ via	【前】～によって

パターン **5-4** 難易度 ★☆☆

適切な代名詞を選ぶ

空所前に正解のヒントを探す!

4. The Remote Digital Recorder is the same as the Digital Recording Unit, except that ------- comes with a small remote control pad.

(A) it
(B) its
(C) he
(D) she

【訳】Remote Digital Recorder は、小さいリモートコントロール・パッドが付いてくるという点以外は、Digital Recording Unit と同じである。
(A) それは［主格］（正解）、それを・それに［目的格］
(B) それの［所有格］
(C) 彼は［主格］
(D) 彼女は［主格］

攻略 1 設問を頭から読み、空所のところで選択肢を見る

The Remote Digital Recorder / is / the same as the Digital
主語　動詞
Recording Unit, / except that -------

主語と動詞を確認しながら、文頭から意味をとっていきましょう。「Remote Digital Recorder は、Digital Recording Unit と同じである。［空所以下を］除いては」という文意だとわかります。動詞が be 動詞の場合は、直後の語句の意味もしっかり把握してください。この場合 the same as で「～と同じだ」という意味になります。

攻略 2 選択肢から問題のタイプを分析する

4つの選択肢はすべて代名詞です。代名詞が選択肢に並ぶ場合、[they, their, them, theirs] のように代名詞の格がすべて異なるパターンか、[it, they, them, him] のような、格が同じ選択肢も含まれる混合パターンか見極めましょう。 [they, their, them, theirs] のように1つの代名詞の人称の異なる形のパターンの場合は、品詞問題と同じく1ステップで、混合パターンの場合はこの設問のように2ステップで解けます。

代名詞とはその名の通り、「名詞の代わりの詞（ことば)」です。代名詞が指しているものは、必ず代名詞の前にあります。まずこれが何かを見極めましょう。設問文では2つの商品名が空所に先行してあるので、そのうちのどちらかを空所が指していると考えれば、(C) he と (D) she は消去できますね。

攻略 3 問題のタイプに沿って、根拠を見つけて解答する

(A) it

Part 5で出題される格は、主格「～は」・目的格「～を／～に」・所有格「～の」の3つです。空所がこのうちのどの機能を果たしているか文中での位置を見てみましょう。ここでは節を導く that の直後にあり、動詞 comes の主語としてはたらいていることがわかります。よって、所有格の (B) でなく、主格の (A) it が正解です。

(A) をマークする!

【語句】

□ the same as	～と同じ	□ come with	～が付いてくる
□ except	【前】～を除いて	□ remote control	遠隔操作の

パターン 5-5 難易度★★★

適切な接続表現を選ぶ

2つのパーツの関係をチェック！

5. ------- the rise in fuel prices, we are no longer able to offer free delivering throughout the country.

(A) While
(B) Whether
(C) Due to
(D) In fact

【訳】燃料価格の高騰によって、私どもは全国への無料配達を提供することがもはやできなくなっています。
(A) ～の間
(B) ～かどうか
(C) ～のために（正解）
(D) 実際は

攻略1 設問を頭から読み、空所のところで選択肢を見る

------- the rise in fuel prices, / we / are no longer able to offer
主語　動詞
/ free delivering / throughout the country.

文頭が空所になっています。この場合は、例外的に空所後の文意を主語と動詞に注意して把握します。「[空所] 燃料価格の高騰、/ 私たちは / もはや提供することができません / 無料配達を / 全国に」と意味を語順通りにとり、選択肢を見ましょう。

攻略 2 選択肢から問題のタイプを分析する

選択肢には接続詞や前置詞句が並んでいます。この場合、まず空所の直後をチェックしましょう。空所後が名詞（句）なら空所は前置詞（句）、空所後が節［主語＋動詞］なら空所は接続詞です。

また、4つの選択肢がすべて接続詞の場合は、空所からカンマまでの意味、カンマから文末までの文意をとり、両者がどのように結びつくか調べます。例えば、前者が「ある事象」、後者が「その理由」であれば、空所には理由を表すsince、because、as、because of、due toなどが入ります。

攻略 3 問題のタイプに沿って、根拠を見つけて解答する

(C) Due to

接続詞を選択肢に含む問題では、設問文中の空所の後をよく見ます。この文ではthe rise (in fuel prices)「（燃料価格の）高騰」と名詞句になっています。このように名詞句の前に位置することができるのは、選択肢の中では(C) Due toの前置詞句のみ。Due to Aは「Aのために」と理由を表す前置詞句です。Because of A、Owing to Aも同様の意味を表します。

(C) をマークする！

【語句】

□ rise	【名】高騰	□ no longer	もはや～ない
□ fuel prices	【名】燃料価格	□ free delivering	無料配達

パターン 5-6 難易度 ★★☆

適切な関係代名詞を選ぶ

空所前に先行詞をサーチする！

6. I would like to thank Jack Pringle, ------- has agreed to deliver the keynote address at the annual conference.

(A) whichever
(B) who
(C) whose
(D) anyone

【訳】Jack Pringle さんに感謝申し上げます。彼は年次大会で基調講演を行うことを引き受けてくださいました。
(A)［関係代名詞・主格 / 目的格］
(B)［関係代名詞・主格］（正解）
(C)［関係代名詞・所有格］
(D)［不定代名詞］

攻略 1 設問を頭から読み、空所のところで選択肢を見る

I / would like to thank Jack Pringle, -------
主語　動詞

主語と動詞を確認しながら、文頭から意味をとっていきます。「私は / Jack Pringle さんに感謝申し上げます」の後が空所になっていますね。

攻略 2　選択肢から問題のタイプを分析する

選択肢には関係代名詞・代名詞が並んでいます。関係代名詞は、代名詞でありながら、後続の節と前の節とをつなぐ役割を果たします。一方、代名詞には節と節をつなぐ機能はなく、設問文のようにカンマの直後に置かれることもありません。空所前後に節があれば関係代名詞として判断し、選択肢からまず代名詞を消去しましょう。

攻略 3　問題のタイプに沿って、根拠を見つけて解答する

空所に入る関係代名詞が何を指しているか「先行詞」を空所の前からサーチしましょう。だいたいの場合、関係代名詞の空所直前にある名詞が先行詞です。この場合は、Jack Pringle が先行詞。先行詞が人の場合は who や whom、whose などの who 系列の語、それ以外なら which や whichever など、which 系列の関係代名詞を用います。先行詞 Jack Pringle は人名なので、(A) whichever は消去できます。

(B) who

残る選択肢は who か whose です。who は主格、whose は所有格です。空所の文中のはたらきを空所の後の節でチェックすると、直後に has agreed と動詞(現在完了形) があるので、空所は主語のはたらきをしていると考えます。(B) who が正解です。

(B) をマークする!

【語句】

□ deliver	【動】(演説など) を行う	□ annual	【形】年次の
□ keynote address	【名】基調講演	□ conference	【名】大会、総会

Part 5 練習問題

文中の空所に当てはまる語句を 4 つの答えの中から選び、下記の解答欄の (A) ~ (D) のいずれかにマークしてください。

1. The port area of Decatur continues to grow as an ------- popular destination for business, family holidays, and shopping.

(A) increasing
(B) increased
(C) increasingly
(D) increase

2. These days, many candidates make their decision about ------- a company based on the company's overall image on social media.

(A) joining
(B) joined
(C) to join
(D) joins

3. Job creation is booming in Southwest Florida, ------- for skilled workers.

(A) habitually
(B) hardly
(C) especially
(D) scarcely

4. C&T, ------- provides powerful banking solutions, is a division of Citizens Bank, one of the largest community banks in Seoul.

(A) what
(B) whose
(C) whom
(D) which

1.	Ⓐ Ⓑ Ⓒ Ⓓ
2.	Ⓐ Ⓑ Ⓒ Ⓓ
3.	Ⓐ Ⓑ Ⓒ Ⓓ
4.	Ⓐ Ⓑ Ⓒ Ⓓ

5. The growth of the company is not impressive ------- to justify the costs of maintaining its multi-billion-dollar infrastructure.

(A) rather
(B) fully
(C) enough
(D) quite

6. ------- new assembly lines were installed, productivity has not improved much.

(A) Because of
(B) If
(C) Although
(D) In spite of

7. Commissioner Kevin Levine was ------- about signing the contract, expressing his concern about the cost.

(A) hesitant
(B) hesitated
(C) hesitation
(D) hesitancy

8. Please compare the progress that you defined in the plan with the actual progress that ------- team has made so far.

(A) you
(B) your
(C) yours
(D) yourself

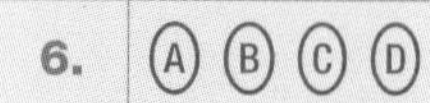

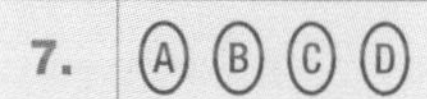

8. (A) (B) (C) (D)

9. Christopher Howard is a co-founder of Vocera, and ------- as the company's chairman since November 2014.

(A) serve
(B) will serve
(C) has served
(D) is served

10. The past few years have been challenging for the whole construction industry but the figures for this year indicate a more ------- trend.

(A) approving
(B) available
(C) enveloping
(D) encouraging

11. In case of changes in our policy, we will make an official ------- on our Web site.

(A) container
(B) substance
(C) organization
(D) announcement

12. Please make sure to package your equipment ------- to prevent damage in transit.

(A) secure
(B) security
(C) securely
(D) secureness

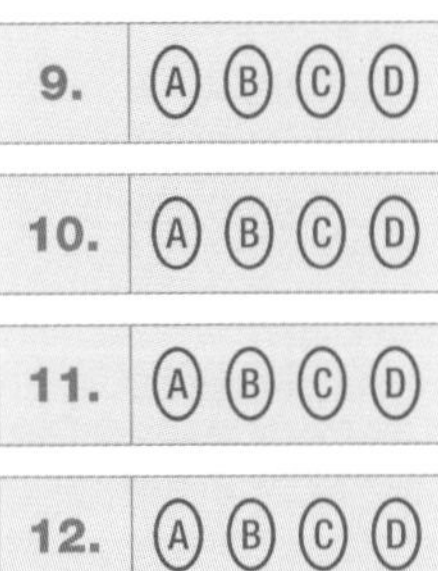

13. Workers have become much more productive ------- machines were brought in to do a lot of the heavy lifting.

(A) since
(B) if
(C) once
(D) from

14. KRC will be ------- the research using a supercomputer and diesel engines donated by German car manufacturers.

(A) accompanying
(B) conducting
(C) processing
(D) behaving

15. KP Motors was put up for sale ------- its poor performance over the past decade.

(A) because
(B) although
(C) in spite of
(D) due to

16. The city considered ------- the entire former army training site for use as a park and open space.

(A) to designate
(B) designated
(C) designating
(D) to be designated

13.	Ⓐ Ⓑ Ⓒ Ⓓ
14.	Ⓐ Ⓑ Ⓒ Ⓓ
15.	Ⓐ Ⓑ Ⓒ Ⓓ
16.	Ⓐ Ⓑ Ⓒ Ⓓ

Part 5 練習問題の解答と解説

1. パターン 5-2 適切な品詞を選ぶ

難易度 ★☆☆

1. **The port area of Decatur continues to grow as an ------- popular destination for business, family holidays, and shopping.**

(A) increasing
(B) increased
(C) increasingly（正解）
(D) increase

【解説】
主語はThe port area、動詞はcontinues。次に空所前後を見ると、空所前にはanという冠詞、直後はpopular destination［形容詞＋名詞］があるので、空所には直後の形容詞を修飾できる品詞、つまり副詞が必要です。increasingly popular destinationは「ますます人気の場所」という意味です。

【訳】Decaturの港地区は、商業、家族の休日、買い物の点で、ますます人気の目的地として発展を続けている。
(A) 増加している
(B) 増加した
(C) ますます（正解）
(D) 増加する

【語句】
□ destination【名】目的地、行き先

2. パターン 5-1 適切な動詞の形を選ぶ

難易度 ★☆☆

2. **These days, many candidates make their decision about ------- a company based on the company's overall image on social media.**

(A) joining（正解）
(B) joined
(C) to join
(D) joins

【解説】
文全体の主語 (many) candidates「(多数の) 候補者は」に対応する本動詞はmakeですから、空所は本動詞ではありません。また、空所直前に「～について」という意味の前置詞aboutがあります。前置詞の直後は必ず名詞か動名詞が続きます。したがって、正解は(A) joiningです。

【訳】最近では、多くの求職者がソーシャルメディアにおけるその会社全体のイメージに基づいて、入社の決断をしている。
(A) 加わること（正解）
(B) 加わった
(C) 加わるために
(D) 加わる

【語句】
□ candidate【名】求職者

3. パターン 5-3 適切な語句を選ぶ

3. Job creation is booming in Southwest Florida, ------- for skilled workers.

(A) habitually
(B) hardly
(C) especially（正解）
(D) scarcely

【解説】
主語はJob creation、動詞はis booming。空所後の［for +人を表す名詞］は「（人）にとって」の意。全体で「雇用創出はブームになっている／技能労働者にとって」、つまり「技能労働者の働き口が急増している」という文意だと押さえ、空所にはespecially（特に）を選びます。

【訳】雇用の創出は、フロリダ州南西部において特に技能労働者にとって急増している。
(A) 習慣的に
(B) ほとんど～ない
(C) 特に（正解）
(D) ほとんど～ない

【語句】
□ job creation 【名】雇用創出
□ boom 【動】急に沸く

4. パターン 5-6 適切な関係代名詞を選ぶ

4. C&T, ------- provides powerful banking solutions, is a division of Citizens Bank, one of the largest community banks in Seoul.

(A) what
(B) whose
(C) whom
(D) which（正解）

【解説】
C&Tが文の主語かつ空所の先行詞で、動詞isの後からCitizens Bankの一部署だとわかります。また空所の直後にprovides（3人称単数現在形の動詞）があるので、空所にはこれと結びつく主語が入ります。選択肢の中で主語の役割を果たせるのは、主格の関係代名詞whichだけです。

【訳】影響力のある銀行業務ソリューションを提供するC&Tは、ソウル最大の地方銀行の1つであるCitizens Bankの一部門です。
(A)［関係代名詞・主格／目的格］
(B)［関係代名詞・所有格］
(C)［関係代名詞・目的格］
(D)［関係代名詞・主格／目的格］（正解）

【語句】
□ division 【名】部門

5. パターン 5-3 適切な語句を選ぶ

難易度 ★★☆

5. The growth of the company is not impressive ------- to justify the costs of maintaining its multi-billion-dollar infrastructure.

(A) rather
(B) fully
(C) enough（正解）
(D) quite

【解説】

空所前の impressive をまずチェックします。［形容詞＋enough to do］で「do するのに十分なほど（形容詞）だ」という語法に気づくことが大事です。not impressive enough to justify で「（会社の成長は）正当化するのに十分なほど素晴らしいものではない」という意味になります。

【訳】 その会社の成長は、数十億ドルのインフラを維持する経費を正当化するのに十分なほど素晴らしいとはいえない。

(A) かなり
(B) 十分に
(C) 十分な（正解）
(D) 相当な

【語句】

□ justify　【動】～を正当化する

6. 適切な接続表現を選ぶ

難易度 ★★☆

6. ------- new assembly lines were installed, productivity has not improved much.

(A) Because of
(B) If
(C) Although（正解）
(D) In spite of

【解説】

空所後からカンマまでは「新しい組み立てラインが導入された」、カンマ後は「生産性はそれほど改善されていない」。よって逆接が適切だと判断し (A) と (B) は消去します。次に空所後を見ると［主語＋動詞］が続いています。節を従えることができるのは接続詞。したがって (C) が正解です。

【訳】 新しい組立ラインが導入されたけれども、生産性はそれほど改善されてはいない。

(A) ～ のために
(B) もし～なら
(C) ～だけれども（正解）
(D) ～だけれども

【語句】

□ assembly line　組立ライン

7. パターン 5-2 適切な品詞を選ぶ

難易度 ★☆☆

7. Commissioner Kevin Levine was ------- about signing the contract, expressing his concern about the cost.

(A) hesitant（正解）
(B) hesitated
(C) hesitation
(D) hesitancy

【解説】

空所は be 動詞の直後にあるので空所は名詞か形容詞です。文の主語は単数の人名なので、空所が名詞になる場合は was の後に冠詞 a が入りますが、a がないので形容詞だと判断します。この構文では主語と be 動詞直後の形容詞はイコールの関係にあります。選択肢の中で形容詞は (A) hesitant（躊躇している）で、これが正解です。

【訳】理事の Kevin Levine は経費について懸念を示し、契約書にサインをすることに躊躇していた。

(A) 躊躇して（正解）
(B) 躊躇した
(C) 躊躇
(D) 躊躇

【語句】

□ commissioner 【名】理事
□ concern 【名】懸念、心配

8. パターン 5-4 適切な代名詞を選ぶ

8. Please compare the progress that you defined in the plan with the actual progress that ------- team has made so far.

(A) you
(B) your（正解）
(C) yours
(D) yourself

【解説】

compare A with B（A を B と比べる）という表現を見抜きましょう。A は the progress、B は the actual progress で、後続の [that 主語＋動詞] がそれぞれの内容を説明しています。空所には、この主語としてはたらく名詞 team を修飾している、所有格の代名詞 (B) your（あなたの）が入ります。

【訳】あなたのチームがこれまでに達成した実際の進み具合と、計画で決定した進捗を比較してください。

(A) あなた［主格・目的格］
(B) あなたの［所有格］（正解）
(C) あなたのもの［所有代名詞］
(D) あなた自身［目的格］

【語句】

□ progress 【名】進捗、進み具合

9. パターン 5-1 適切な動詞の形を選ぶ

難易度 ★☆☆

9. Christopher Howard is a co-founder of Vocera, and ------- as the company's chairman since November 2014.

(A) serve
(B) will serve
(C) has served（正解）
(D) is served

【解説】
空所の動詞と結びつく主語は、文頭の3人称単数のChristopher Howardしか考えられません。この段階で原形の(A)は消去できます。また、文末にsince November 2014（2014年の11月以来ずっと）という、完了形とともに用いられるタイムワードがあります。したがって、正解は(C) has servedです。

【訳】Christopher Howardは、Voceraの共同創設者で、2014年11月以来、同社の会長も務めている。
(A) 務める
(B) 務めるだろう
(C) 務めている（正解）
(D) 提供された

【語句】
□ chairman 【名】会長

10. パターン 5-3 適切な語句を選ぶ

難易度 ★★★

10. The past few years have been challenging for the whole construction industry but the figures for this year indicate a more ------- trend.

(A) approving
(B) available
(C) enveloping
(D) encouraging（正解）

【解説】
空所が修飾している直後の名詞をチェックしましょう。trendは「傾向、トレンド」の意。economic（経済的な）、current（最近の）や、growing（上向きの）などの方向性を示す語との相性がよい単語です。選択肢の中でtrendと結びつくのは(D) encouraging（有望な、見通しの明るい）です。

【訳】ここ数年は建設業界全体にとって厳しいものだったが、今年の数字はもっと有望な傾向を示している。
(A) 賛成の
(B) 利用可能な
(C) 包み込んでいる
(D) 有望な（正解）

【語句】
□ challenging 【形】困難な

11. パターン 5-3 適切な語句を選ぶ

難易度 ★★★

11. In case of changes in our policy, we will make an official ------- on our Web site.

(A) container
(B) substance
(C) organization
(D) announcement（正解）

【解説】

空所前には make an official とあるので、[an official ＋名詞] が make の目的語としてはたらいていると考えます。make は多様な名詞を目的語にとって「～する」の意味を表します。文の前半に「方針が変更になる際は」とあるので、これと合う make an official announcement（公式発表を行う）を選びます。

【訳】私どもの方針に変更がある場合には、ウェブサイトで公式に発表いたします。

(A) 容器
(B) 物質
(C) 組織
(D) 発表（正解）

【語句】

□ in case of	～の場合には
□ policy	【名】方針、政策

12. パターン 5-2 適切な品詞を選ぶ

12. Please make sure to package your equipment ------- to prevent damage in transit.

(A) secure
(B) security
(C) securely（正解）
(D) secureness

【解説】

[Please ＋動詞の原形] で始まる命令文。make sure to (do) は「必ず～する」で、to package your equipment と続いて「必ず備品を梱包してください」と意味が完結しています。空所以外で文意が成立する場合、空所は副詞になることが多く、ここでも動詞 package を修飾する (C) securely（しっかりと）が正解です。

【訳】輸送での損傷を避けるために、備品はしっかりと梱包するようにしてください。

(A) 安定した
(B) 安全、無事
(C) しっかりと（正解）
(D) 安定

【語句】

□ transit	【名】輸送、運送

13. パターン 5-5 適切な接続表現を選ぶ

難易度 ★★☆

13. Workers have become much more productive ------- machines were brought in to do a lot of the heavy lifting.

(A) since（正解）
(B) if
(C) once
(D) from

【解説】

空所前は「作業員たちはずっと生産的になった」、空所後は「機械類が購入された / 重い物をたくさん持ち上げるために」。つまり、空所後が「理由」、空所前が「結果」になっていることがわかります。選択肢の中で理由を表す接続詞は(A)。since は、ここでは because と同じ意味で用いられています。

【訳】 重いものをたくさん持ち上げるために機械類が購入されたので、作業員たちはずっと生産的になった。

(A) ～なので［接続詞］（正解）
(B) もし～なら［接続詞］
(C) ひとたび～すれば［接続詞］
(D) ～から［前置詞］

【語句】

□ productive 【形】生産的な

14. パターン 5-3 適切な語句を選ぶ

難易度 ★★★

14. KRC will be ------- the research using a supercomputer and diesel engines donated by German car manufacturers.

(A) accompanying
(B) conducting（正解）
(C) processing
(D) behaving

【解説】

動詞とその後の目的語との結びつきに注目しましょう。ここでは［空所＋the research］だけを見ます。research や survey（調査）と相性のいい動詞は conduct です。(C) process は「処理する」の意で、document（書類）、check（小切手）、transaction（商取引）のような単語と相性のいい動詞です。

【訳】 KRC はドイツの自動車製造業者から寄付されたスーパーコンピューターとディーゼル車を使って、調査を実施するだろう。

(A) 同行する
(B) 実施する（正解）
(C) 処理する
(D) 行動する

【語句】

□ manufacturer 【名】製造業者

15. パターン 5-5 適切な接続表現を選ぶ

難易度 ★★☆

15. KP Motors was put up for sale ------- its poor performance over the past decade.

(A) because
(B) although
(C) in spite of
(D) due to（正解）

【解説】

空所の前後で文を2つに分けて意味をとります。文頭から空所までは「KP Motorsは売りに出された」、空所後から文末までは「乏しい業績／過去10年間にわたる」という意味ですね。つまり空所前が「結果」、空所後が「その原因」だと考えられます。空所後は名詞のかたまりになっていますから、正解は理由を表す前置詞句の(D) due toです。

【訳】KP Motorsは、過去10年にわたる業績不振のために売りに出された。

(A) ～なので［接続詞］
(B) ～だけれども［接続詞］
(C) ～にもかかわらず［前置詞句］
(D) ～のために［前置詞句］（正解）

【語句】

□ put A up for sale	Aを売りに出す
□ performance	【名】業績

16. パターン 5-1 適切な動詞の形を選ぶ

16. The city considered ------- the entire former army training site for use as a park and open space.

(A) to designate
(B) designated
(C) designating（正解）
(D) to be designated

【解説】

considerは動詞のing形を直後に従えて「～することを検討する」の意を表します。したがって、正解は(C)です。また、designateは「指定する」の意で、空所後の名詞句the entire former army training siteを目的語としています。

【訳】その都市は、かつての陸軍訓練施設の全体を公園や広場として使うように指定することを検討した。

(A) 指定すること
(B) 指定された
(C) 指定すること（正解）
(D) 指定されるために

【語句】

□ former	【形】かつての、前の、先の

Part 5 頻出単語・フレーズ

57

頻出単語

□ subsidiary	【名】	子会社
□ overview	【名】	概要
□ consequence	【名】	結果、重要さ
□ specification	【名】	仕様書
□ concession	【名】	譲歩
□ complaint	【名】	クレーム、不満
□ speculation	【名】	予測、憶測
□ household	【名】	世帯、家庭
□ permit	【名】	許可証
□ permission	【名】	許可
□ engage	【動】	従事させる
□ assert	【動】	断言する
□ delegate	【動】	委任する
□ assume	【動】	仮定する
□ acknowledge	【動】	認める、承認する
□ enhance	【動】	高める、向上させる
□ review	【動】	見直す
□ suspend	【動】	一時中断する
□ notify	【動】	知らせる
□ release	【動】	発表する
□ revitalize	【動】	活性化する
□ excessive	【形】	過度の
□ beneficial	【形】	有益な
□ proficient	【形】	堪能な、熟練した
□ liable	【形】	責任を負った
□ mutual	【形】	相互の、共通の
□ evident	【形】	明らかな
□ critical	【形】	重要な
□ restrictive	【形】	制限的な
□ prospective	【形】	見込みのある

頻出フレーズ

□ by means of
〜によって、〜を用いて

□ courtesy of
〜の好意により

□ in light of
〜を考慮すると

□ in writing
書面で

□ in conjunction with
〜と関連して

□ in accordance with
〜と一致させて

□ in keeping with
〜に準拠して、〜に沿って

□ to date
今まで

□ in question
問題になっている

□ look into
詳しく調べる、吟味する

□ carry out
行う

□ break down
故障する

□ substitue A for B
B の代わりに A を使う

□ dispose of
〜を廃棄する、〜を処理する

Part 6

長文穴埋め問題の攻略

- **Part 6** 概要と攻略の流れ …… 210
- **Part 6** サンプル問題 …… 214
- 問題 1-4 の文書の流れ …… 216
- パターン 6-1 文脈から適切な動詞の形を選ぶ …… 218
- パターン 6-2 文脈から適切な接続表現を選ぶ …… 220
- パターン 6-3 文脈から適切な 1 文を選ぶ …… 222
- パターン 6-4 文脈から適切な語句を選ぶ …… 224
- **Part 6** 練習問題 …… 226
- **Part 6** 練習問題の解答と解説 …… 228
- **Part 6** 頻出単語・フレーズ …… 236

Part 6 概要と攻略の流れ

問題数
16問
目標正解数
11問

7割以上の正解を目指せ！

どういう問題？

文書の一部に設けられている空所に入る最も適切な語句、または文を4つの選択肢から選ぶ問題です。1つの文書につき設問は4つ用意され、そのうちの1つが文を挿入する問題になります。文書は全部で4つ、合計で16問です。

どういう流れ？

❶ Directions（指示文）は読み飛ばす

テストブックには、下記のDirections（指示文）が印刷されていますが、読む必要はありません。

Directions: Read the texts that follow. A word, phrase, or sentence is missing in parts of each text. Four answer choices for each question are given below the text. Select the best answer to complete the text. Then mark the letter (A), (B), (C), or (D) on your answer sheet.

【訳】指示：次の文書を読んでください。文書には、単語、フレーズ、文が空所になっている部分があります。文書の下には、各設問に対して答えが4つの選択肢で用意されています。文書を完成させるために、最も適切な答えを選んでください。そして、解答用紙にある(A)、(B)、(C)、(D)の記号にマークしてください。

❷ 文書を読み、設問に答える

続いて、テストブックには、例えば次のような文書と設問が印刷されています。1つの文書を読み、4つの選択肢に解答する時間の目安としては、2分30秒程度になります。

〈例〉

Questions 1-4 refer to the following advertisement.

Coalition Construction --------- (**1.**) local homeowners improve their homes for more than 50 years. Renowned for our superb customer service, we guarantee our clients a fantastic experience --------- (**2.**) also offering affordable prices for all home renovation projects.

To celebrate our 51st year in business, we are running a special offer for a limited time only. --------- (**3.**).

So hurry and call us today! This promotion --------- (**4.**) on May 31st. So start improving the home you love today, and save money with Coalition Construction — your number one home renovation partner.

1. (A) help
(B) helped
(C) will be helping
(D) has been helping

2. (A) but
(B) while
(C) whether
(D) that

3. (A) We hope the next 50 years are just as successful!
(B) Nevertheless, business is booming like never before.
(C) The recruitment window closes at the end of the month.
(D) This month, you can get an amazing 20% off labor costs.

4. (A) values
(B) serves
(C) ends
(D) reports

攻略の流れ

攻略 1 文書タイプを確認し、文書を頭から読んでいく

まず冒頭の **Questions 131-134** refer to the following の直後の語句から文書タイプを確認します。e-mail なのか、article なのか、事前に頭に入っていると、文書の内容が理解しやすくなります。Part 6 で出題される文書のタイプには以下のようなものがあります。

タイプ	内容
e-mail	E メール
letter	手紙
article	記事
notice	お知らせ / 案内
information	お知らせ / 案内
advertisement	広告
instructions	説明書

続いて、文書を頭から読んでいきます。

攻略 2 空所まできたら、設問を見て問題のタイプを分類

文書を読んでいて、空所が出てきたら、該当する設問の選択肢を見ます。Part 6 には、Part 5 と同じパターンの問題が出題されますが、他の文との関連を考慮に入れて文脈から判断しなくてはならないタイプの問題もあるため注意が必要です。

また、Part 6 独自の問題として、1 つの文書につき 1 問は、語句ではなく文を挿入する問題が出題されます。この文挿入問題は、解くのに時間を要する場合がほとんどです。合計で 4 つの文挿入問題は完全に捨てて、適当にマークして次の文書へ進むのも有効な戦術です。

問題タイプには次のようなものがあります。

質問のパターン	選択肢の例
（文脈から）適切な動詞の形を選ぶ	mail / mailed / have mailed / be mailed
（文脈から）適切な品詞を選ぶ	exception / exceptional / exceptionally / except
（文脈から）適切な語句を選ぶ	permit / submit / admit / omit
（文脈から）適切な代名詞を選ぶ	you / your / yours / yourself
（文脈から）適切な接続表現を選ぶ	Because of / If / Although / In spite of
適切な関係代名詞を選ぶ	what / whose / whom / which
適切な1文を選ぶ	We hope the next 50 years are just as successful! / Nevertheless, business is booming like never before. / The recruitment window closes at the end of the month. / This month, you can get an amazing 20% off labor costs.

攻略 3 空所を含む文を読み終わったところで問題を解く

問題のタイプを確認したら、空所を含む文を最後まで読んでから答えを選びます。場合によっては次の文以降を読まないと判断できないこともあるので、判断に迷ったら文書を最後まで読んでから、その設問に再度取り組むのも一つの方法です。

Part 6 サンプル問題

文書内の空所に当てはまる語句や文を 4 つの答えの中から選び、下記の解答欄の **(A)** ～ **(D)** のいずれかにマークしてください。

Questions 1-4 refer to the following advertisement.

Coalition Construction -------(1.) local homeowners improve their homes for more than 50 years. Renowned for our superb customer service, we guarantee our clients a fantastic experience -------(2.) also offering affordable prices for all home renovation projects.

To celebrate our 51st year in business, we are running a special offer for a limited time only. -------(3.).

So hurry and call us today! This promotion -------(4.) on May 31st. So start improving the home you love today, and save money with Coalition Construction — your number one home renovation partner.

1. (A) help
(B) helped
(C) will be helping
(D) has been helping

2. (A) but
(B) while
(C) whether
(D) that

3. (A) We hope the next 50 years are just as successful!
(B) Nevertheless, business is booming like never before.
(C) The recruitment window closes at the end of the month.
(D) This month, you can get an amazing 20% off labor costs.

4. (A) values
(B) serves
(C) ends
(D) reports

1.	Ⓐ Ⓑ Ⓒ Ⓓ
2.	Ⓐ Ⓑ Ⓒ Ⓓ
3.	Ⓐ Ⓑ Ⓒ Ⓓ
4.	Ⓐ Ⓑ Ⓒ Ⓓ

NO TEST MATERIAL ON THIS PAGE

パターン
6-1
▼
6-4

問題 1-4 の文書の流れ

Questions 1-4 refer to the following advertisement.

Coalition Construction ------- local homeowners improve their homes for more than 50 years. Renowned for our superb customer service, we guarantee our clients a fantastic experience ------- also offering affordable prices for all home renovation projects.

To celebrate our 51st year in business, we are running a special offer for a limited time only. -------.

So hurry and call us today! This promotion ------- on May 31st. So start improving the home you love today, and save money with Coalition Construction — your number one home renovation partner.

【訳】問題 1-4 は次の広告に関するものです。

Coalition Construction は 50 年を超えて、マイホームの所有者の家を改修するお手伝いをしてきました。弊社は上質のカスタマーサービスで知られており、ご自宅改築に関するあらゆるプランを手頃な価格でご提供する一方で、お客様に素晴らしい経験となることをお約束いたします。

創業 51 年目を記念しまして、期間限定で特別価格をご提供しております。[今月、作業費がなんと 20%割引になります。]

本日、すぐに私どもにお電話ください。このプロモーションは、5 月 31 日に終わります。あなたの No.1 自宅改装パートナー、Coalition Construction でお金を節約し、今日からお気に入りのご自宅の改装を始めてみませんか。

赤字の部分を中心に文書の流れを把握する

Questions 1-4 refer to the following advertisement.

文書のタイプ ▶ 設問文の following の直後にある語句から、文書のタイプを確認します。ここでは、advertisement となっているので「広告」です。

Coalition Construction ------- local homeowners improve their homes for more than 50 years.

Coalition Construction についての説明が述べられる ▶ Coalition Construction は会社の名前で、以降はその会社の説明になっていると考えられます。空所には help の適切な形を入れることになりますが、local homeowners（地元のマイホーム所有者）が自宅を改築するサービスを提供している会社だということがわかります。

To celebrate our 51st year in business, we are running a special offer for a limited time only.

期間限定で特別サービスが実施されると伝える ▶ この会社が 51 周年を祝って、特別価格を提供すると伝えています。おそらくこれが広告したい内容であると見当をつけたいところです。

So hurry and call us today!

読み手に電話することを求める ▶ 第 3 段落は、「本日、いますぐお電話ください」から始まっていますが、これは広告を読んだ人に対して、起こしてほしいアクションだと考えられます。

【語句】

□ local	【形】地元の、地域の	□ superb	【形】上質の
□ homeowners	【名】マイホーム所有者	□ guarantee	【動】～を保証する
□ improve	【動】～を改善する	□ affordable	【形】手頃な
□ more than	～より多い	□ renovation	【名】改装、修理
□ renowned for	～で有名な	□ celebrate	【動】祝う

パターン 6-1 難易度 ★☆☆

文脈から適切な動詞の形を選ぶ

時制のキーワードを探せ！

1. (A) help
(B) helped
(C) will be helping
(D) has been helping

【訳】
(A) 手伝う
(B) 手伝った
(C) 手伝うだろう
(D) 手伝ってきた（正解）

攻略① 文書タイプを確認し、文書を頭から読んでいく

Questions 1-4 refer to the following advertisement.

文書タイプは、「文書の流れ」で確認したように「広告」です。広告ですから、「読み手に何らかの商品やサービスを宣伝する」という目的で書かれています。広告の場合は、①広告されているものは何か、②誰が広告しているのかという2つがポイントになります。

広告のポイントを頭に入れながら、第1段落の冒頭から読んでいきます。

攻略② 空所にきたら、設問を見て問題タイプを分類する

Coalition Construction ------- local homeowners improve their homes for more than 50 years.

冒頭の Coalition Construction は、おそらく会社の名前だと考えられます。この会社がポイント②「誰が広告しているのか」に該当します。

直後に空所があるので、ここで選択肢を見ます。すると、help の適切な動詞を選ぶ問題だとわかります。

攻略 3 空所を含む文を読み終わったところで問題を解く

空所を含む文を読み終えたときに、for more than 50 years というキーワードに注目できているかどうかが大きなポイントです。このフレーズは、「50 年を超えて」という意味で、空所の動詞を修飾するはたらきがあります。このフレーズは「期間」を示しているので、動詞もある期間での継続を表す形になっている必要があります。

動詞の現在完了は、「完了」や「経験」のほかに「ずっと〜している」という「継続」を表すことができます。for more than 50 years という期間を表す語句と結びつくのは、現在完了（進行形）の (D) です。

ほかの選択肢を見てみると、(A) の help は動詞の原形または主語が 1・2 人称の場合の現在形です。原形は単独で文の動詞になることはできませんし、主語が Coalition Construction と 3 人称単数なので、現在形で使う場合には helps となる必要があるため、不正解です。また、(C) の will be helping は、未来を表すキーワードを必要とするので、これも不正解です。

(B) の helped は、この時点ではまだ不正解だと断定できません。ここで、過去形を使うと、Coalition Construction という 50 年存続した会社があったが、いまはその会社は存在しないという意味になります。

Renowned for our superb customer service, we guarantee

しかし、続く文を読むと、we guarantee という［主語＋動詞］があります。we = Coalition Construction で、動詞は現在形の guarantee ですから、この会社は現在も存在しているので、過去形の helped は不適切です。ここで、ようやく (D) が正解だと確定させることができます。

(D) をマークする！

PART 1 PART 2 PART 3 PART 4 PART 5 PART 6 PART 7

パターン **6-2** 難易度 ★★☆

文脈から適切な接続表現を選ぶ

空所前後の意味の結びつきを確認

2. (A) but

(B) while

(C) whether

(D) that

【訳】
(A) しかし
(B) ～の間（正解）
(C) ～かどうか
(D) ～という

攻略 1 文書タイプを確認し、文書を頭から読んでいく

問題１を解いたときにすでにこの文書は広告だと確認しています。２問目からはそのまま文書を読み続けましょう。

攻略 2 空所にきたら、設問を見て問題タイプを分類する

Renowned for our superb customer service, we guarantee our clients a fantastic experience ------- also offering affordable prices for all home renovation projects.

第２文を空所まで読んでいきましょう。renowned for は famous for と同義で「～で有名な」の意。空所の前までは、「上質のカスタマーサービスで知られている」ので、「お客様に素晴らしい経験をお約束する」という文意だとわかります。

空所にきたら選択肢をみます。選択肢には接続詞が並んでいます。この問題タイプの解法は、空所の前後の意味をとって、その2つの結びつきをチェックすることでしたね。空所の後も文末まで見ていきましょう。

空所後は also offering で始まっていて、[主語（＝名詞・代名詞）＋動詞] による節が続いていないことがわかります。ただ、意味上の主語はこの文の主語 we だと判断して、意味をとりましょう。offer は「提供する」、affordable prices は「手頃な価格」ということです。つまり空所後の意味は「弊社はご自宅改築に関するあらゆるプランを手頃な価格でご提供する」ということですね。

攻略 3　空所を含む文を読み終わったところで問題を解く

空所前後の意味の結びつきを改めてチェックし、2つの関係性を調べます。

空所前＝「上質のカスタマーサービスで顧客満足をお約束します」
空所後＝「あらゆる自宅改築計画を手頃な価格でご提供します」

こうして見ると、2つともこの会社のアピールポイントを述べていると判断できますね。選択肢の中で、2つのものを取り上げ比較するはたらきを持つのは (B) while です。

(B) をマークする!

接続詞の問題で大事なポイントは、接続詞に続くのは、節、つまり [主語＋動詞] という点です。例えば、but の後に、also offering と動詞の ing 形を続けることはできず、but we also offer のようになります。whether や that も接続詞としてはたらく場合は、必ず後に [主語＋動詞] が続きます。

ただ、while だけは、同じ接続詞でも、後に続く動詞（この場合 offering）の意味上の主語が主文の主語と同じ場合（＝例えば、この場合のように we guarantee の we が、offering の意味上の主語となっているとき)、主語をカットして、動詞の ing 形を続けることができます。

この知識を使えば、offering の主語が we であることだけ確認できれば、動詞の ing 形を従えることができる while を正解と判断できます。

パターン 6-3 難易度 ★★★

文脈から適切な 1 文を選ぶ

空所前の文中のキーワードに注目

3. (A) We hope the next 50 years are just as successful!
(B) Nevertheless, business is booming like never before.
(C) The recruitment window closes at the end of the month.
(D) This month, you can get an amazing 20% off labor costs.

【訳】
(A) 次の 50 年も同様の成功になることを願っております。
(B) それにもかかわらず、事業はこれまでになかったような好況になっています。
(C) 採用窓口は今月末に閉鎖します。
(D) 今月、作業費がなんと 20%割引になります。（正解）

攻略 1 文書タイプを確認し、文書を頭から読んでいく

問題 2 を解いた後、引き続き文書を読み進めていきます。わからない単語があっても、気にしないでいきましょう。

To celebrate our 51st year in business, we are running a special offer for a limited time only.

「わが社の創業 51 周年を記念して、期間限定で特別価格を提供しております」という意味ですね。空所直前の文は、この問題タイプでは空所を解くカギになります。この場合、running a special offer（特別価格提供中）という内容をしっかりと頭に入れておきましょう。この場合の run は「行う、実施する」の意です。

攻略② 空所にきたら、設問を見て問題タイプを分類する

選択肢はすべて文になっています。4つの文を読むので少し時間がかかりますが、落ち着いて［主語＋動詞］を確認しながら意味をとりましょう。

(A)「私たちは望んでいます / 次の 50 年も事業が成功することを」
(B)「それにもかかわらず / 事業はまたとなく伸びています」
(C)「採用窓口は閉鎖します / 今月末に」
(D)「今月は / なんと 20%割引になります / 作業費が」

意味をとるとき、百点満点の和訳にする必要はありません。上のスラッシュで区切った文のように、英語の語順通りに意味をとる練習を日頃からしていくと、英文の意味をすばやく理解できるようになります。

攻略③ 空所を含む文を読み終わったところで問題を解く

問題 3 のように、一文丸ごと挿入する問題は、選択肢の 4 文を読むという負荷がかかるので捨て問題にしてもよいですが、細かい文法に関する知識がなくても大意がとれれば正解できるものがほとんどです。

攻略②のように、各選択肢の意味がとれれば、空所直前の「特別価格提供中」と合うのは、(D) だとわかりますね。

(D) をマークする！

【語句】

□ just as	～と同じ程度に
□ nevertheless	【副】それにもかかわらず
□ boom	【動】好況になる
□ recruitment	【名】新規募集、求人
□ labor cost	【名】作業費、人件費

パターン 6-4 難易度 ★★☆

文脈から適切な語句を選ぶ

前の文を［主語＋動詞］で再確認

4. (A) values
(B) serves
(C) ends
(D) reports

【訳】
(A) 評価する
(B) 役に立つ
(C) 終わる（正解）
(D) 報告する

攻略 1 文書タイプを確認し、文書を頭から読んでいく

問題 3 を解いたので、さあ、あと 1 問です。空所まで文書を読み進めていきましょう。

So hurry and call us today!

「さあ、本日すぐにお電話ください!」という意味です。hurry は「急いで」の意味。[hurry and 動詞の原形] は「急いで（すぐに）～してください」という意味で、広告でよく使われます。ここでは、もちろん特別価格が今月限定なので、「急いでお申し込みください」と言っているわけです。

次の文を見ましょう。文の主語 (This) promotion「（この）プロモーションは」の直後が空所になっていますね。

This promotion ------- on May 31st.

攻略 2 空所にきたら、設問を見て問題タイプを分類する

ここで選択肢を見ると、動詞の 3 人称単数現在の形が並んでいるので、動詞の語彙問題だとわかります。語彙問題は、文脈から判断するのでしたね。空所前の主語は「このプロモーションは」、空所後の on May 31st. は「5 月 31 日に」と時を表す表現です。

攻略 3 空所を含む文を読み終わったところで問題を解く

前文までの意味をしっかりとってきた場合、この文の主語 This promotion（このプロモーション）が指すのは「今月限定の特別価格」「作業費が 20% 割引になる」ことだと、頭にすでに入っているかもしれません。そうだとすると、「この販促が終わるのが 5 月 31 日」だとすぐに連想でき、(C) を正解と選ぶことができます。

(C) をマークする！

もし問題 1-3 を解くなかで上のような詳細が頭に入っていなくても、大丈夫です。空所を含む文と選択肢を見ていきましょう。

まず、空所の後には時を表す表現 on May 31st があるだけで、目的語になる名詞（句）はないので、空所には自動詞が入ると判断します。この点と、全体の意味とから、主語と結びつかない動詞を消去していきます。

(A) の value(s) は他動詞で「～を評価する」の意。「～を」にあたる目的語を直後に必要とします。空所直後には目的語はなく、on May 31st しかないので即、消去しましょう。他の 3 つには自動詞・他動詞の両方の機能があり、自動詞の場合の意味は、serve（役に立つ）、end（終わる）、report（報告する）です。このうち、主語「このプロモーション」と結びついて、しかも文末の「5 月 31 日に」という時を表す表現と合うのは「終わる」だけだと判断します。

Part 6 練習問題

文書内の空所に当てはまる語句や文を 4 つの答えの中から選び、下記の解答欄の **(A)** ～ **(D)** のいずれかにマークしてください。

Questions 1-4 refer to the following article.

August 9—Improvement work got underway today on the sewer line that runs beneath East 19th Street. The project, which had been scheduled to begin three months ago, was delayed due to the inclement weather that the area -------(**1.**) throughout the early months of summer.

-------(**2.**) the delayed start, the project management says it is confident that it can make up the time and complete the job before the winter as planned. This will come as welcome news to local residents, who will have to cope with -------(**3.**) delays to their journeys in and out of the neighborhood until the project ends. -------(**4.**).

1. (A) gained
(B) felt
(C) experienced
(D) achieved

2. (A) Despite
(B) Although
(C) Due to
(D) According to

3. (A) signify
(B) signified
(C) significance
(D) significant

4. (A) The street is currently reduced to one lane of traffic.
(B) As a result, the work has been canceled.
(C) For example, construction of a new highway is necessary.
(D) More workers are needed to finished the job.

1.	Ⓐ Ⓑ Ⓒ Ⓓ
2.	Ⓐ Ⓑ Ⓒ Ⓓ
3.	Ⓐ Ⓑ Ⓒ Ⓓ
4.	Ⓐ Ⓑ Ⓒ Ⓓ

Questions 5-8 refer to the following e-mail.

> To: Jamie Simmons
> From: Customer Care
> Subject: Your order number 124819991
> Date: 24 September
>
> Dear Ms. Simmons,
>
> We are pleased to confirm that your order is now ready for pickup. Please -------(5.) by to collect your product by October 8.
>
> -------(6.) that date, if your order has not been picked up, it will be returned to our warehouse and the amount you paid will be refunded to your credit card.
>
> -------(7.). If you no longer have the credit card, please provide some photographic -------(8.).
>
> Kind regards,
> Customer Care

5. (A) start
   (B) leave
   (C) drop
   (D) cover

6. (A) After
   (B) Also
   (C) Until
   (D) Likewise

7. (A) We offer shipping at no additional cost.
   (B) Please do not lose your delivery tracking number.
   (C) Please bring the credit card you used to make the purchase.
   (D) Purchases from our Web site come with an additional 10% discount.

8. (A) identify
   (B) identifying
   (C) identified
   (D) identification

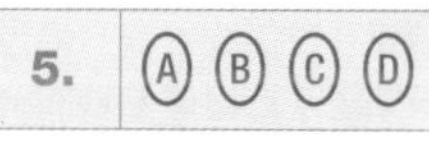

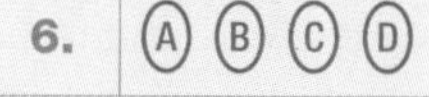

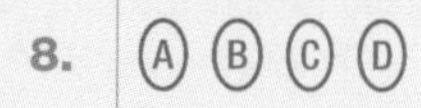

問題 1-4 の文書の流れ

Questions 1-4 refer to the following article.

August 9—Improvement work got underway today on the sewer line that runs beneath East 19th Street. The project, which had been scheduled to begin three months ago, was delayed due to the inclement weather that the area ------- throughout the early months of summer.

------- the delayed start, the project management says it is confident that it can make up the time and complete the job before the winter as planned. This will come as welcome news to local residents, who will have to cope with ------- delays to their journeys in and out of the neighborhood until the project ends. -------.

【訳】問題 1-4 は次の記事に関するものです。

8月9日、East 19番街の地下にある下水管路の改善工事が本日始まりました。このプロジェクトは、3カ月前に始まる予定でしたが、この地域が初夏の数カ月にわたって被った悪天候のために遅れていました。

開始が遅れたにもかかわらず、プロジェクトの管理者は、遅れは取り戻せるし、予定どおり冬になる前には作業が完了すると確信していると話しています。これは、隣町へ行き来する行程での大幅な遅延にうまく対処しなければならない地元住民にとって、歓迎されるニュースとなるでしょう。現在、道路は1車線に縮小されています。

赤字の部分を中心に文書の流れを把握する

Questions 1-4 refer to the following article.

文書のタイプ ▶ 設問文の following の直後にある語句から、文書のタイプを確認します。ここでは、article となっているので「記事」です。

August 9—Improvement work got underway today on the sewer line that runs beneath East 19th Street.

冒頭で日付と記事の主旨が述べられる ▶ 冒頭で、August 9（8月9日）の記事であることが明示されています。続いて、improvement work（改善工事）が本日始まったと書かれていることから、改善工事について書いた記事だと考えられます。

The project, which had been scheduled to begin three months ago, was delayed due to

改善工事の状況が伝えられる ▶ 次の文は、The project（改善工事）は遅れていたという内容です。遅れていた理由は、due to 以降で述べられます。

------- the delayed start, the project management says it is confident that it can make up the time and complete the job before the winter as planned.

プロジェクトの管理者のコメントが述べられる ▶ 第2段落は、空所から始まっていますが、カンマ以降を読むと、プロジェクトの管理者によれば it（=プロジェクト）の遅れは取り戻せるし、冬になる前に作業は終わるという内容になっていることがわかります。

【語句】

□ get underway	始まる	□ make up	～を取り戻す
□ sewer line	下水管路	□ resident	【名】住民、居住者
□ beneath	【前】～の下に	□ cope with	～にうまく対処する
□ confident	【形】確信している	□ journey	【名】行程

Part 6 練習問題の解答と解説

1. パターン 6-4 文脈から適切な語句を選ぶ

難易度 ★★★

1. (A) gained
(B) felt
(C) experienced（正解）
(D) achieved

【解説】
選択肢は -ed で終わる語が中心になっているので語彙問題です。空所の前にある due to the inclement weather は、「悪天候のために」という意味で、that 以下は the inclement weather を修飾している関係代名詞節です。the area が主語で空所が動詞ですが、「その地域が～した悪天候」という意味を考えれば、experienced（経験した）が最も適切だと判断できます。

【訳】
(A) 得た
(B) 感じた
(C) 経験した（正解）
(D) 達成した

【語句】

□ gain	【動】～を獲得する
□ experience	【動】～を経験する
□ achieved	【動】～を達成する

2. パターン 6-2 文脈から適切な接続表現を選ぶ

難易度 ★★☆

2. (A) Despite（正解）
(B) Although
(C) Due to
(D) According to

【解説】
選択肢から「接続表現の問題」だとわかります。空所直後の「開始が遅れた」とカンマ後の「遅れは取り戻せるし、予定通りに作業は終わる」をつなぐ接続表現が空所に入ります。「～にもかかわらず」という語が必要と考え (C) と (D) は消去します。空所後の the delayed start という名詞句と結びつくのは、前置詞の despite です。although の後には節［主語＋動詞］が続きます。

【訳】
(A) ～にもかかわらず（正解）
(B) ～にもかかわらず
(C) ～のために
(D) ～によると

【語句】

□ despite	【前】～にもかかわらず
□ although	【接】～にもかかわらず
□ according to	～によると

3. パターン 5-2 適切な品詞を選ぶ

難易度 ★☆☆

3. (A) signify
(B) signified
(C) significance
(D) significant（正解）

【解説】

選択肢には singnify の派生語が並んでいるので、品詞問題です。空所の前には前置詞の with、空所後には delays という名詞があります。名詞を修飾するのは形容詞ですから、空所には significant が入ります。

【訳】

(A) 示す
(B) 示された
(C) 重要性
(D) かなりの（正解）

【語句】

□ signify	【動】	～を示す
□ significance	【名】	重要性
□ significant	【形】	かなりの

4. パターン 6-3 文脈から適切な 1 文を選ぶ

難易度 ★★★

4. (A) The street is currently reduced to one lane of traffic.（正解）
(B) As a result, the work has been canceled.
(C) For example, construction of a new highway is necessary.
(D) More workers are needed to finished the job.

【解説】

空所の前までは、「改善工事が予定通りに終わるのは地域住民にとって歓迎すべきだが、工事が終わるまで、住民は町の出入りに際して大幅な遅延に対処しなくてはならない」という内容です。ここまでの内容が理解できていれば、(B) ～ (D) は正解になりません。(A) は、この状況の一端を示す内容になっています。

【訳】

(A) 道路は現在 1 車線に縮小されています。（正解）
(B) その結果、作業は中止になっています。
(C) 例えば、新しい幹線道路の建設が必要です。
(D) その仕事を完了するために、さらに作業員が必要です。

【語句】

□ reduce	【動】	～を減らす
□ highway	【名】	幹線道路

問題 5-8 の文書の流れ

Questions 5-8 refer to the following e-mail.

To: Jamie Simmons
From: Customer Care
Subject: Your order number 124819991
Date: 24 September

Dear Ms. Simmons,

We are pleased to confirm that your order is now ready for pickup. Please ------- by to collect your product by October 8.

------- that date, if your order has not been picked up, it will be returned to our warehouse and the amount you paid will be refunded to your credit card.

-------. If you no longer have the credit card, please provide some photographic -------.

Kind regards,
Customer Care

【訳】問題 5-8 は次の E メールに関するものです。

宛先：Jamie Simmons
差出人：Customer Care
件名：ご注文 No. 124819991
日付：9 月 24 日

Simmons 様

お客様のご注文はお受け取りいただける準備が整いましたので、ここにご連絡申し上げます。10 月 8 日までにお立ち寄りの上、商品をお受け取りください。

その日を過ぎて、注文品をお受け取らに来られない場合は、ご注文品は当社の倉庫に返品され、お支払い額はクレジットカードに返金されます。

［購入時にお使いいただいたクレジットカードをご持参ください。］もし、クレジットカードをお持ちでない場合は、写真付きの身分証明書をご提示ください。

敬具
Customer Care

赤字の部分を中心に文書の流れを把握する

Questions 5-8 refer to the following e-mail.

文書のタイプ ▶ 文書のタイプを e-mail（メール）だと確認します。

To: Jamie Simmons
From: Customer Care
Subject: Your order number 124819991
Date: 24 September

ヘッダーの情報を確認する ▶ 文書が e-mail や letter（手紙）、memo（連絡メモ）などの場合、宛先と差出人、件名、日付を確認しておきます。この場合、カスタマーサービス係から Simmons さんの注文についてのメールで、日付は 9 月 24 日です。

We are pleased to confirm that your order is now ready for pickup. Please ------- by to collect your product by October 8.

注文品が入荷したことが述べられる ▶ ready for pickup や to collect your product by October 8 から、「注文品が届いたので 10 月 8 日までに取りに来てくれるよう頼んでいる」と内容を推測します。

------- that date, if your order has not been picked up, it will be returned to our warehouse and the amount you paid will be refunded to your credit card.

注文品を受け取らない場合の対応が説明される ▶ 空所からカンマまでは保留にして、if 以下を読むと、Simmons さんが注文品を取りに来ない場合の対応が述べられています。

【語句】

□ confirm	【動】確認する	□ amount	【名】金額、総額
□ pickup	【名】取りに来ること	□ refund	【動】返金する
□ pick up	取りに来る	□ purchase	【名】購入
□ warehouse	【名】倉庫	□ photographic	【形】写真の、写真付きの

5. パターン 6-4 文脈から適切な語句を選ぶ

難易度 ★★☆

5. (A) start
(B) leave
(C) drop（正解）
(D) cover

【解説】
Pleaseに続く動詞を選ぶ語彙問題です。相手に「～してください」と何を求めているのか、文脈を確認します。空所前に「ご注文品が届いたことが確認できましたのでお伝えします」とあり、後には「10月8日までに取りに来るために」とあるので、空所は「来店する」の意味だと判断できます。空所直後のbyと結びつき、この意を表すのは(C) dropです。

【訳】
(A) 始める
(B) 去る
(C) 立ち寄る（正解）
(D) 覆う

【語句】
□ drop by　～に立ち寄る
□ cover　【動】～を覆う

6. パターン 6-2 文脈から適切な接続表現を選ぶ

難易度 ★★☆

6. (A) After（正解）
(B) Also
(C) Until
(D) Likewise

【解説】
空所には複数の品詞が並んでいますが、文頭が空所になっているので、前後とうまく結びつく接続表現を選ぶ問題と判断します。空所直後のthat date（その日）は、前文からOctober 8だとわかります。空所後には「取りに来なかった場合は、倉庫に戻し、代金は返却する」とあります。文脈から「10月8日」と結びつく語は「10月8日以降は」という意味を成す(A) Afterです。

【訳】
(A) ～の後で（正解）
(B) また
(C) ～まで
(D) 同様に

【語句】
□ likewise　【副】同様に

7. パターン 6-3 文脈から適切な 1 文を選ぶ

難易度 ★★★

7. (A) We offer shipping at no additional cost.
(B) Please do not lose your delivery tracking number.
(C) Please bring the credit card you used to make the purchase.（正解）
(D) Purchases from our Web site come with an additional 10% discount.

【解説】

適切な文を選ぶ問題では、空所前後の文、特に直前の文がカギとなります。空所前の文から、amount、paid、refunded、credit card などのキーワードを拾い選択肢を見ると、credit card が 選択肢 (C) に見つかります。文意は「購入時に使用したクレジットカードをご持参ください」で、文脈に合うことが確認できるので、正解と判断します。

【訳】

(A) 私どもは追加料金なしで発送いたします。
(B) 配送追跡番号を紛失しないようにしてください。
(C) 購入時にお使いいただいたクレジットカードをご持参ください。（正解）
(D) 私どものウェブサイトからのご購入で、追加で 10%割引があります。

【語句】

□ come with	～に伴って起こる

8. 適切な品詞の形を選ぶ

8. (A) identify
(B) identifying
(C) identified
(D) identification（正解）

【解説】

選択肢に identify（確認する）の派生語が並ぶ、品詞問題です。品詞問題では空所の前後をしっかり見ることが必要です。空所前に please provide / some photographic「ご提供ください / 写真付きの［空所］」とあり、some から空所までが動詞 provide の目的語になっていると判断できます。目的語になれるのは名詞（句）ですから、空所も名詞と判断します。(D) が正解です。

【訳】

(A) ～を確認する
(B) 確認している
(C) 確認された
(D) 身分証明書（正解）

【語句】

□ identify	【動】～を確認する
□ identification	【名】身分証明書

Part 6 頻出単語・フレーズ

58

頻出単語

- □ however 【接】しかしながら
- □ despite 【前】～にもかかわらず
- □ nevertheless 【副】それにもかかわらず
- □ similarly 【副】同様に
- □ likewise 【副】同様に
- □ otherwise 【副】そうでなければ
- □ alternatively 【副】その代わりに
- □ instead 【副】その代わりに
- □ moreover 【副】さらにいうと
- □ furthermore 【副】さらにいうと
- □ additionally 【副】さらにいうと
- □ engagement 【名】約束、用事
- □ predecessor 【名】前任者、先駆者
- □ supervisor 【名】監督者
- □ morale 【名】志気
- □ credentials 【名】証明書
- □ remedy 【名】治療薬、治療
- □ artifact 【名】工芸品
- □ discrepancy 【名】相違、食い違い
- □ panel 【名】委員会
- □ headquarters 【名】本社
- □ editorial 【名】【形】社説 / 編集の
- □ upcoming 【形】来る、今度の
- □ outdated 【形】旧式の
- □ state-of-the-art 【形】最新式の
- □ exclusive 【形】排他的な
- □ comprehensive 【形】総合的な
- □ receptive 【形】受け入れ可能な
- □ feasible 【形】実現可能な
- □ affordable 【形】手頃な

頻出フレーズ

- □ because of
  ～のために（理由を表す）
- □ due to
  ～のために（理由を表す）
- □ owing to
  ～のために（理由を表す）
- □ on account of
  ～のために（理由を表す）
- □ thanks to
  ～のおかげで
- □ in spite of
  ～にもかかわらず
- □ in favor of
  ～を支持して、～を選択して
- □ accroding to
  ～によれば（情報源を示す）
- □ on behalf of
  ～を代表して
- □ be allowed to do
  ～することが許されている
- □ be committed to
  ～に専念する
- □ be entitled to
  ～の資格がある
- □ be engaged in
  ～に従事している
- □ be invited to
  ～に招待されている

Part 7

読解問題の攻略

- **Part 7** 概要と攻略の流れ ………… 238
- **Part 7** サンプル問題 ………… 242
- 問題 1-2 の文書の流れ ………… 246
- **パターン 7-1** 文書の目的を問う ………… 248
- **パターン 7-2** 適切な位置に文を挿入する ………… 250
- 問題 3-4 の文書の流れ ………… 252
- **パターン 7-3** 発言の意図を問う ………… 254
- **パターン 7-4** 今後の展開を問う ………… 256
- 問題 5-9 の文書の流れ①② ………… 258
- **パターン 7-5** 近い意味の語を選ぶ ………… 262
- **パターン 7-6** 文書に述べられていない情報を選ぶ ………… 264
- **パターン 7-7** 複数の文書の情報を統合する ………… 266
- **パターン 7-8** 文書の一部の情報を問う ………… 268
- **パターン 7-9** 文書に示されている情報を選ぶ ………… 270
- **Part 7** 練習問題 ………… 272
- **Part 7** 練習問題の解答と解説 ………… 276
- **Part 7** 頻出単語・フレーズ ………… 293

Part 7 概要と攻略の流れ

問題数
54 問
目標正解数
32 問

6 割以上の正解を目指せ！

どういう問題？

1つまたは複数の文書に関する設問について、それぞれ4つの選択肢から最もふさわしい答えを選ぶ問題です。問題数は1つの文書（シングルパッセージ）が29問、2つの文書（ダブルパッセージ）が10問、3つの文書（トリプルパッセージ）が15問です。

どういう流れ？

❶ Directions（指示文）は読み飛ばす

テストブックには、最初に下記のDirections（指示文）が印刷されています。指示文を読む必要はありません。

Directions: In this part you will read a selection of texts, such as magazine and newspaper articles, e-mails, and instant messages. Each text or set of texts is followed by several questions. Select the best answer for each question and mark the letter (A), (B), (C), or (D) on your answer sheet.

【訳】指示：このパートでは、雑誌や新聞記事、Eメール、インスタント・メッセージなどのさまざまな文書を読みます。それぞれの文書や複数の文書の組み合わせには、設問が用意されています。各設問について最も適切な答えを選び、解答用紙にある(A)、(B)、(C)、(D)の記号にマークしてください。

❷ 文書を読み、設問に答える

指示文に続いて、問題が印刷されています。問題は、次のように設問文、文書、設問という要素で構成されています。すべての問題に解答するには、1 問あたり 1 分で解くようにします。つまり、下記のように設問が 2 つ付いていれば、文書を読む時間も含めて 2 分以内に解答する必要があります。

〈例〉

Questions 1-2 refer to the following notice.

Information Regarding Advertisements in the Weekend Section

Companies get great results with advertisements placed in the *Hartford Weekly*'s Weekend Section. —[1]—. With a readership of ten thousand people for our Sunday edition alone, the *Hartford Weekly* will get your business noticed.

Here are some details that you should know:

- Advertisements placed in the *Hartford Weekly*'s Weekend Section must be sent prior to 10:00 A.M. on Wednesday morning of the week in which you want the advertisement to appear. Advertisements sent after this time will appear in the section on the following weekend. —[2]—.

We will deduct 10% off the price of advertisements that run for more than two weekends in a row. —[3]—. To find out more about pricing, please contact us at ads@hartfordweekly.com. —[4]—.

Thank you.

1. For whom is the notice most likely intended?

(A) Writers for a magazine
(B) People thinking of starting a business
(C) Subscribers to a newspaper
(D) Companies that wish to place ads

2. In which of the positions marked [1], [2], [3], and [4] does the following sentence best belong?

"In addition, once the advertisement is submitted, no revisions are allowed."

(A) [1]
(B) [2]
(C) [3]
(D) [4]

攻略の流れ

攻略 1 パッセージのタイプを確認する

Part 7 に登場する文書には、主に以下のようなタイプがあります。冒頭の **Questions 147-148** refer to the following の直後の語句から文書タイプを確認しましょう。

タイプ	内容
e-mail	E メール
letter	手紙
article	記事
notice	お知らせ / 案内
information	お知らせ / 案内
advertisement	広告
Web site	ウェブサイト
online form	オンラインフォーム
memo	連絡メモ
announcement	発表
instructions	説明書
text message chain	テキストメッセージのやりとり
online chat discussion	オンライン・チャットでの話し合い
review	レビュー / 批評

攻略 2 設問を先読みする

シングルパッセージであれば 2 ～ 4 つの設問、ダブルパッセージとトリプルパッセージには 5 つの設問があります。

設問のタイプには、次の 9 つがあります。

①文書の目的を問う
②適切な位置に文を挿入する
③発言の意図を問う
④今後の展開を問う
⑤近い意味の語を選ぶ
⑥文書に述べられていない情報を選ぶ
⑦複数の文書の情報を統合する
⑧文書の一部の情報を問う
⑨文書に示されている情報を選ぶ

このうち、「近い意味の語を選ぶ問題」と「適切な位置に文を挿入する問題」以外の設問の内容を「日本語で」覚えておきます。例えば、次のような感じです。

165. Why did Ms. Pramalsam receive the e-mail?

→「Pramalsam さん」が「E メール」を受け取った「理由」は?

攻略3 文書を読んで設問に答える

文書のタイプ別のチェックポイントに沿って、情報をインプットしておきます。例えば、E メールであれば、「宛先」「差出人」「件名」を確認してから、本文を読み始めます。

FROM:	Terry Nolan	差出人
TO :	Rosanna Krupp	宛先
SUBJECT:	Re: re: Invoice	件名

本文を読み終わったら、設問を解いていきます。選択肢を読むだけではなく、必要に応じて本文も参照します。特に「文書に述べられていない情報を選ぶ問題」と「複数の文書の情報を統合する問題」は、選択肢の情報と本文の情報を照合しながら正解を選ぶ必要があります。

なお、近い意味の語句を選ぶ問題と適切な位置に文を挿入する問題は、解くのに時間がかかりそうであれば適当にマークして次の文書へ進みます。

Part 7 サンプル問題

文書を読み、それぞれの設問について最も適切な答えを 4 つの中から選び、下記の解答欄の (A) ～ (D) のいずれかにマークしてください。

Questions 1-2 refer to the following notice.

Information Regarding Advertisements in the Weekend Section

Companies get great results with advertisements placed in the *Hartford Weekly*'s Weekend Section. —[1]—. With a readership of ten thousand people for our Sunday edition alone, the *Hartford Weekly* will get your business noticed.

Here are some details that you should know:

- Advertisements placed in the *Hartford Weekly*'s Weekend Section must be sent prior to 10:00 A.M. on Wednesday morning of the week in which you want the advertisement to appear. Advertisements sent after this time will appear in the section on the following weekend. —[2]—.

We will deduct 10% off the price of advertisements that run for more than two weekends in a row. —[3]—. To find out more about pricing, please contact us at ads@hartfordweekly.com. —[4]—.

Thank you.

1. For whom is the notice most likely intended?

(A) Writers for a magazine
(B) People thinking of starting a business
(C) Subscribers to a newspaper
(D) Companies that wish to place ads

2. In which of the positions marked [1], [2], [3], and [4] does the following sentence best belong?

"In addition, once the advertisement is submitted, no revisions are allowed."

(A) [1]
(B) [2]
(C) [3]
(D) [4]

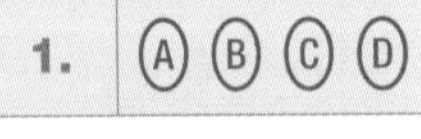

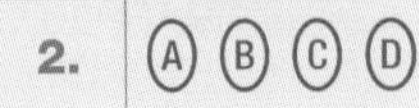

Questions 3-4 refer to the following text message chain.

Callum Blunt 9:43 A.M.
Hi, Martina. Did you arrive in Denver on schedule?

Martina Lukas 9:48 A.M.
Hi, yeah. I'm heading to the client's office right away. One quick question though: do you have a copy of those sales forecast charts the consulting firm made for us?

Callum Blunt 10:03 A.M.
I'm not sure, but I can look for them. Are they essential?

Martina Lukas 10:08 A.M.
I have the figures for our internal forecasts, so it should be fine, but I'd like to show both sets as a comparison. If you can e-mail them over within the next half hour, I can update my slides.

Callum Blunt 10:12 A.M.
I'll ask Devon. He's sure to have a copy.

3. At 10:08 A.M., what does Ms. Lukas mean when she writes, "it should be fine"?

(A) The weather in Denver is pleasant.
(B) The additional figures aren't essential.
(C) The forecasts are most likely accurate.
(D) She expects the presentation to be extremely successful.

4. What will Mr. Blunt most likely do next?

(A) Update his slides
(B) Make a copy
(C) Give a presentation
(D) Contact a colleague

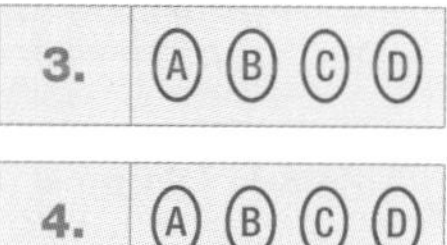

Questions 5-9 refer to the following advertisement and e-mail.

Island Creek Books

160 Elm Drive, Sacramento, CA

Book Signing on Sunday, June 4!

Meet authors Jerry Miller, Sharon Woodman, Maria Jimenez, and Cindy Sanders

On Sunday, June 4, Island Creek Books will host four bestselling authors. The authors' most recent books will be available for purchase and can be autographed by the authors themselves. In addition to signing books, each author will hold a panel discussion, along with a Q&A session with the public. The Island Creek Cafe will be providing refreshments including coffee, pastries, and sandwiches.

This will be the fourth such event that we have held at the bookstore, and as always, it is free and open to the public. Please join us for a delightful day with the authors.

Guest lineup

Mr. Miller .... 11:00 A.M.
Ms. Woodman .... 12:30 P.M.
Ms. Jimenez .... 2:00 P.M.
Ms. Sanders .... 3:30 P.M.

FROM : bjackson@islandcreekbooks.com
TO : woodman@1writer.net
DATE : June 1
SUBJECT : Sunday's schedule

Dear Ms. Woodman,

Thank you for your message. After I received it, I contacted Mr. Miller in regard to exchanging time slots. He indicated that he would be happy to exchange time slots with you.

We understand that you need to change to an earlier time slot in order to travel to Los Angeles to receive the National Writers' Guild Novel of the Year Award. We know you will be pressed for time in traveling to Los Angeles for the awards ceremony after attending our event, and we sincerely thank you for honoring your commitment to our book signing.

Regards,
Brenda Jackson

5. In the advertisement, the word "host" in paragraph 1, line 1, is closest in meaning to

(A) hold
(B) contact
(C) welcome
(D) organize

6. What is NOT indicated about the event?

(A) It will offer refreshments for attendees.
(B) It will be free.
(C) It will give awards to the authors.
(D) It has been held before.

7. When will Mr. Miller most likely make his presentation?

(A) At 11:00 A.M.
(B) At 12:30 P.M.
(C) At 2:00 P.M.
(D) At 3:30 P.M.

8. Why did Ms. Jackson send the e-mail?

(A) To discuss payment details
(B) To inform an author about an award
(C) To reply to a request
(D) To plan a meeting

9. What is indicated about the National Writers' Guild Novel of the Year Award?

(A) Mr. Miller will attend the award ceremony.
(B) It will be awarded before the book signing.
(C) It is presented in Los Angeles every year.
(D) Ms. Woodman will receive the award.

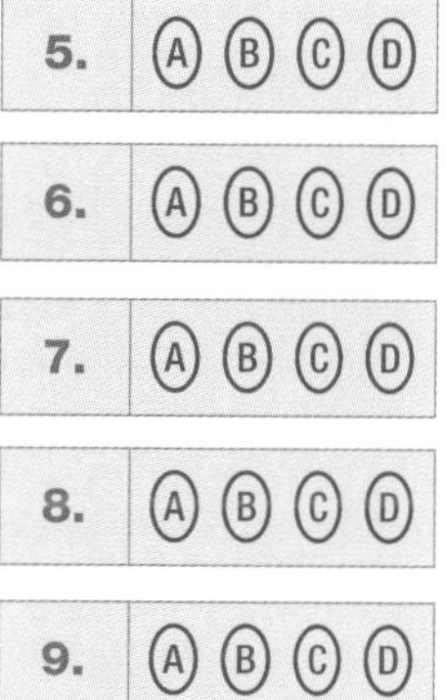

5.	Ⓐ Ⓑ Ⓒ Ⓓ
6.	Ⓐ Ⓑ Ⓒ Ⓓ
7.	Ⓐ Ⓑ Ⓒ Ⓓ
8.	Ⓐ Ⓑ Ⓒ Ⓓ
9.	Ⓐ Ⓑ Ⓒ Ⓓ

パターン
7-1
▼
7-2

問題 1-2 の文書の流れ

Questions 1-2 refer to the following notice.

Information Regarding Advertisements in the Weekend Section

Companies get great results with advertisements placed in the *Hartford Weekly*'s Weekend Section. —[1]—. With a readership of ten thousand people for our Sunday edition alone, the *Hartford Weekly* will get your business noticed.

Here are some details that you should know:

- Advertisements placed in the *Hartford Weekly*'s Weekend Section must be sent prior to 10:00 A.M. on Wednesday morning of the week in which you want the advertisement to appear. Advertisements sent after this time will appear in the section on the following weekend. —[2]—.

We will deduct 10% off the price of advertisements that run for more than two weekends in a row. —[3]—. To find out more about pricing, please contact us at ads@hartfordweekly.com. —[4]—.

Thank you.

【訳】問題 1-2 は次のお知らせに関するものです。

週末欄の広告に関するご案内

Hartford Weekly の週末欄に出された広告によって、企業は大きな成果を上げています。日曜版だけでも 1 万人の読者を抱える *Hartford Weekly* は、御社の事業を周知させるでしょう。

以下、いくつかの詳細について、ご確認ください。

Hartford Weekly の週末欄に出稿する広告は、広告を載せたい週の水曜午前 10 時までにお送りください。この時間を過ぎて送られた広告は、翌週の欄に掲載されます。[さらに、広告が提出された時点で、いかなる修正もできません。]

週末に 2 週以上続けて掲載される広告については価格の 10% を差し引きます。価格についての他のお問い合わせは、ads@hartfordweekly.com までご連絡ください。

よろしくお願いします。

赤字の部分を中心に文書の流れを把握する

Information Regarding Advertisements in the Weekend Section

文書のタイプ ▶ この文書は notice（お知らせ）だと把握したうえで、見出しを見て、文書の内容は「週末欄の広告に関するお知らせ」だと理解します。

Companies / get great results / with advertisements / placed in the *Hartford Weekly*'s Weekend Section.

Hartford Weekly の広告効果を伝える ▶ 主語（二重下線）と動詞（下線）をセットで頭に入れていくと、「企業は / 素晴らしい結果を得る / 広告で / *Hartford Weekly* の週末セクション（の広告）で」と、スラッシュ（/）で区切られたかたまり単位で語順通りに意味をとります。ここから *Hartford Weekly* の日曜版への広告掲載を促していると推測できます。

Here are some details (that you should know):

広告出稿の留意点を列挙する ▶ Here are は「以下は～です」と示す表現です。第 1 段落の内容を受けて、広告出稿の際の留意点が以降で詳しく述べられることがわかります。

We will deduct 10% of the price of advertisements that run for more than two weekends in a row.

割引条件を明記している ▶ 第 4 段落は「弊紙は / 値引きする」と値引きの条件を示す［主語＋動詞］で始まっているので、この段落のトピックは「価格」だと推測します。

【語句】

□ regarding	【前】～に関しての	□ deduct	【動】～を控除する
□ place	【動】（広告など）を出す	□ run	【動】（広告など）を掲載する
□ readership	【名】読者（数）	□ in a row	連続して
□ prior to	～に先だって	□ find out	情報を得る

パターン 7-1 難易度 ★☆☆

文書の目的を問う

目的は第 1 段落で述べられる！

1. For whom is the notice most likely intended?

(A) Writers for a magazine

(B) People thinking of starting a business

(C) Subscribers to a newspaper

(D) Companies that wish to place ads

【訳】このお知らせはおそらく誰に対して向けられていますか。
(A) 雑誌の記者
(B) 事業を始めようと考えている人々
(C) 新聞の定期購読者
(D) 広告を出したい企業（正解）

攻略 ① パッセージのタイプを確認する

Questions 1-2 refer to the following notice.

設問文の following の直後の語句から、文書のタイプを確認します。この場合、notice「お知らせ」です。「お知らせ」の場合、①メインの情報は何か、②誰に向けてのお知らせか、③発信元は誰か、に注意します。

攻略 ② 設問を先読みする

文書を読む前に設問をすべて先読みします。これはお知らせのターゲットを尋ねる設問です。英語のビジネス文書では簡潔に趣旨を伝えることが最重視されますから、このような文書全体に関わる設問のヒントは、たいてい第 1 段落にあります。

攻略 3 文書を読んで設問に答える

まず第 1 段落から見ていきます。

Companies / get great results / with advertisements / placed in the *Hartford Weekly*'s Weekend Section.

［主語＋動詞］を確認しながら読んでいくと、「文書の流れ」でも見たように、第 1 文は「企業は / 素晴らしい結果を得る / 広告で / *Hartford Weekly* の週末セクション（の広告）で」とわかります。つまり、*Hartford Weekly* の週末版の広告効果を謳い、企業（＝ Companies）に対して、出稿依頼をしているのですね。この文だけで、このお知らせが対象としているのは、出稿する可能性のある企業だと推測できます。念のため、これに続く第 1 段落第 2 文も読んでみましょう。

With a readership of ten thousand people / for our Sunday edition alone, / the *Hartford Weekly* will get your business noticed.

スラッシュで囲まれたかたまり単位で語順通りに大まかに意味をとると、「1 万人の読者を持ち / 日曜版だけで / *Hartford Weekly* は御社の事業を周知する」ということだとわかります。*Hartford Weekly* の日曜版だけでも（＝ our Sunday edition alone）1 万人の読者がいるので、広告効果が絶大であると述べているのですね。文頭の With は、「～を持っているので」の意。主語 the *Hartford Weekly* に続く［get ＋目的語＋過去分詞］は「（目的語が）～される」の意。get noticed は「気づかれる」つまり「周知される」、get your business noticed は「御社の事業を知らしめる、世間に周知する」ということです。つまり、新聞に広告を出して自社のアピールをしたいと考えている企業がこのお知らせのターゲットだと確認できますね。正解は (D) Companies that wish to place ads（広告出稿をしたいと思う企業）です。

(D) をマークする！

パターン 7-2 難易度 ★★★

適切な位置に文を挿入する

挿入文の意味をしっかりとる!

2. In which of the positions marked [1], [2], [3], and [4] does the following sentence best belong?

"In addition, once the advertisement is submitted, no revisions are allowed."

(A) [1]
(B) [2]
(C) [3]
(D) [4]

【訳】[1]、[2]、[3]、[4] と記載された箇所のうち、次の文が入るのに最もふさわしいのはどの位置ですか。
「さらに、広告が提出された時点で、いかなる修正もできません。」
(A) [1]
(B) [2](正解)
(C) [3]
(D) [4]

攻略① パッセージのタイプを確認する

前問で見たように、この文書は「お知らせ」です。

攻略② 設問を先読みする

設問中、引用符で示された1文を文書のどこに配置するべきかを問う設問です。挿入箇所が選択肢として、文書中に番号で示されています。設問の In which of the positions marked [1], [2], [3], and [4] does the following sentence best belong? は毎回同じ英文なのでまるごと覚えておきましょう。

そして、この部分はテスト本番では読み飛ばし、代わりに引用符で示された挿入文自体をしっかり読むことに時間を充てます。

> "In addition, / once the advertisement is submitted, / no revisions are allowed."

冒頭の in addition は「それに加えて」の意。カンマ以降は［once が導く節＋主節］となっていて、［主語＋動詞］（節）が 2 回出てきています。これは「ひとたび〜すれば、〜だ」という意味です。この場合、「いったん広告が提出されたら / 変更は認められない」ということですね。

攻略 3 文書を読んで設問に答える

上で見た「いったん広告が提出されたら、変更は認められない」という、広告出稿の詳細に関する文がどこに入るか、選択肢の 4 つの箇所の前後の意味をとっていきましょう。

[1] は、第 1 段落にあります。第 1 問で解いたときに確認したように、第 1 段落は *Hartford Weekly* の広告効果をアピールすることが趣旨でしたね。広告出稿の詳細を述べる挿入文とは合いません。

[2] は、出稿についての詳細を述べる第 3 段落の最後にあります。ここでは広告出稿の期限と実際の出稿日を述べていましたね。「いったん広告が提出されたら、変更は認められない」という文を最後に配置し、出稿に関する規約を締めくくっていると考えられます。正解の可能性大ですが、念のため残りの 2 つも調べてみましょう。

[3] は、第 4 段落にあり、「2 週続けて出稿した場合の割引」について述べる第1文と、「問い合わせ先」を示す第 2 文の間にあります。これも可能性はありそうですが、段落が変わり、第 1 文ですでに出稿方法でなく、金額の話に転換していますから、やはり [2] の方が適切といえそうです。

[4] は、問い合わせ先の後、文書本文の最後で、文脈から明らかに不適切です。したがって、挿入位置 [2] を示す (B) が正解です。

(B) をマークする！

【語句】

□ submit	【動】～を提出する
□ revision	【名】修正

パターン 7-3 ▼ 7-4

問題 3-4 の文書の流れ

Questions 3-4 refer to the following text message chain.

Callum Blunt 9:43 A.M.
Hi, Martina. Did you arrive in Denver on schedule?

Martina Lukas 9:48 A.M.
Hi, yeah. I'm heading to the client's office right away. One quick question though: do you have a copy of those sales forecast charts the consulting firm made for us?

Callum Blunt 10:03 A.M.
I'm not sure, but I can look for them. Are they essential?

Martina Lukas 10:08 A.M.
I have the figures for our internal forecasts, so it should be fine, but I'd like to show both sets as a comparison. If you can e-mail them over within the next half hour, I can update my slides.

Callum Blunt 10:12 A.M.
I'll ask Devon. He's sure to have a copy.

【訳】問題 3-4 は次のテキストメッセージのやりとりに関するものです。

Callum Blunt［午前 9 時 43 分］
おはよう、Martina。Denver には予定通りに到着した？

Martina Lukas［午前 9 時 48 分］
おはよう。ええ。すぐに取引先のオフィスに向かうところよ。でも、ちょっと 1 つ聞いていいかしら。コンサルティング会社が作成した売り上げ予測グラフを持ってる？

Callum Blunt［午前 10 時 3 分］
わからないけど、探してみるよ。売り上げ予測グラフは絶対に必要なの？

Martina Lukas［午前 10 時 8 分］
自社の予測は持っているから、大丈夫なはずよ。でも、比較のために両方のセットを見せたいの。もし、30 分以内に E メールで送ってくれたら、スライドを更新できるわ。

Callum Blunt［午前 10 時 12 分］
Devon に聞いてみるよ。彼はきっと持っているはずだ。

赤字の部分を中心に文書の流れを把握する

Questions 3-4 refer to the following text message chain.

文書のタイプ ▶ テキストメッセージのやりとりだとわかります。

One quick question though: / do you have a copy of those sales forecast charts / the consulting firm made for us?

Lukas Blunt さんに売上予測グラフの有無を尋ねる ▶ Lukas さんはここで「コンサルティング会社が作成した売上予測グラフを持っているか」と聞いています。質問内容は：(コロン) の後に示されます。

I'm not sure, / but I can look for them. / Are they essential?

Blunt Lukas さんに「探してみる」と返答する ▶ Blunt さんは「探してみる」と言い、そのグラフの重要度を尋ねています。

I have the figures for our internal forecasts, so it should be fine,

Lukas Blunt さんに売上予測グラフがなくても大丈夫と伝える ▶ Lukas さんは「自社で行った予測」は持っているから、なくても大丈夫と答えていますが、この後 Blunt さんに頼みごとをしています。

I'll ask Devon. He's sure to have a copy.

Blunt Lukas さんに「Devon に確認する」と答える ▶ Blunt さんは Devon に持っているか確認してみると答えています。

【語句】

□ on schedule	予定通りに	□ consulting firm	コンサルティング会社
□ right away	すぐに、直ちに	□ essential	【形】必要不可欠な
□ copy	【名】コピー、部数	□ internal	【形】内部の
□ sales forecast	販売予測	□ set	【名】一式、ひとそろえ
□ chart	【名】図表、グラフ	□ comparison	【名】比較

パターン 7-3 難易度 ★★★

発言の意図を問う

発言の直前の3行にヒントがある！

3. At 10:08 A.M., what does Ms. Lukas mean when she writes, "it should be fine"?

(A) The weather in Denver is pleasant.
(B) The additional figures aren't essential.
(C) The forecasts are most likely accurate.
(D) She expects the presentation to be extremely successful.

【訳】午前10時8分に、Lukasさんが書いている "it should be fine" は、何を意味していますか。
(A) Denverの天候は心地よい。
(B) 追加の数字は必須ではない。（正解）
(C) 予測はおそらく正確である。
(D) 彼女はプレゼンテーションが大いに成功すると期待している。

攻略 1 パッセージのタイプを確認する

Questions 3-4 refer to the following text message chain.

文書タイプは「テキストメッセージのやりとり」です。このタイプでは、氏名欄をざっと見渡して、何人の間でのやりとりかも最初に把握しておきます。この場合、BluntさんとLukasさんの2人のやりとりですね。

メッセージのやりとりでは、1人が質問・依頼・示唆などを行い、他者がそれに応えるパターンがよく出題されています。

攻略 2 設問を先読みする

At 10:08 A.M., what does Ms. Lukas mean when she writes, "it should be fine"?

話者の意図を問う設問タイプです。メッセージのやりとりの場合、最初に発信時刻が示されるので、文書中の該当箇所は見つけやすいですね。引用符で示された文の意味をまず把握しましょう。この場合、It should be fine. は「大丈夫なはずだ」の意。should は「～したほうがいい、～すべきだ」という意味で覚えている方も多いと思いますが、「～なはずだ」と話者の推量を表すこの用法も日常的によく使われます。fine は very good ではないけれど、「まあ大丈夫」というニュアンスを表します。

攻略 3 文書を読んで設問に答える

Lucas さんの意図を探るために前の文を見てみましょう。

Are they essential?

they は代名詞ですから、何を指すかはその前を見ます。9:48 A.M. の発話で Lucas さんが示した sales forecast charts（売上予測のグラフ）のことだとわかります。続いて、Lucas さんが以下のように答えています。

I have the figures for our internal forecasts, so

「自社の予測は持っているの。だから」大丈夫なはずと言っているのですね。つまり、それは「なくてはならないほど重要なものではない」ということです。これを示しているのは、選択肢 (B) The additional figures aren't essential.（追加の数字は必須ではない）です。figures は売上高や決算の話題の頻出語。財務関連の文脈では「数字」、ここではコンサルティング会社が出した「売上予測」を意味しています。

(B) をマークする！

【語句】

□ pleasant 【形】心地よい

パターン 7-4 難易度 ★★☆

今後の展開を問う

正解のヒントはトーク後半！

4. What will Mr. Blunt most likely do next?

(A) Update his slides

(B) Make a copy

(C) Give a presentation

(D) Contact a colleague

【訳】Blunt さんはおそらく次に何をしますか。
(A) スライドを更新する
(B) コピーを取る
(C) プレゼンテーションをする
(D) 同僚に連絡する（正解）

攻略 1 パッセージのタイプを確認する

前問を解いたときに確認したように、Blunt さんと Lukas さんの 2 人の間でやりとりされているテキストメッセージです。

攻略 2 設問を先読みする

What will Mr. Blunt most likely do next?

「Blunt さんはおそらく次に何をしますか」と、書き手の今後の行動を尋ねる設問です。Part 3 と 4 にも同じ設問タイプがありますが、それと同様に、正解のヒントは文書の最後にあることがほとんどです。

攻略③ 文書を読んで設問に答える

メッセージの最後のやりとりを見てみましょう。前問で確認したように、Lukas さんは 10:08 A.M. に It should be fine. と言った後、次のように述べています。

but I'd like to show both sets / as a comparison. / If you can e-mail them over / within the next half hour, / I can update my slides. /

スラッシュで区切られた部分をかたまりとして意味をとっていきます。
「でも私は両方見せたい / 比較として。/ もしメールで送ってくれれば / 今から 30 分以内に / 私はスライドを更新できる」といった感じです。

つまり Lukas さんは、「なくても大丈夫」だけど、「もしあれば送ってくれるとありがたい」と Blunt さんに頼んでいるのですね。

I'll ask Devon. / He's sure to have a copy. /

それに対し、Blunt さんは「Devon に聞いてみる / 彼はきっと持っているよ」と答えています。ここから (D) Contact a colleague「同僚に連絡する」だとわかります。

(D) をマークする！

正解のヒントは、やはり最終発話に含まれていましたね。「次の行動を問う設問」では、いきなり最終発話を見て、すぐに答えが見つからなければ、やりとりをさかのぼって読む方法が時間の節約になる場合もあります。ただ、テスト本番では焦ることもあり、こういう場合はこう、と決めておいてもなかなかその通りにいかないものです。テキストメッセージのやりとりは、最終のやりとり(2発話）を迷わずチェックして解答すると決めて、落ち着いて解くことを基本としましょう。

【語句】
□ colleague 【名】同僚、仲間

問題 5-9 の文書の流れ①

Questions 5-9 refer to the following advertisement and e-mail.

Island Creek Books
160 Elm Drive, Sacramento, CA

Book Signing on Sunday, June 4!

Meet authors Jerry Miller, Sharon Woodman, Maria Jimenez, and Cindy Sanders

On Sunday, June 4, Island Creek Books will host four bestselling authors. The authors' most recent books will be available for purchase and can be autographed by the authors themselves. In addition to signing books, each author will hold a panel discussion, along with a Q&A session with the public. The Island Creek Café will be providing refreshments including coffee, pastries, and sandwiches.

This will be the fourth such event that we have held at the bookstore, and as always, it is free and open to the public. Please join us for a delightful day with the authors.

Guest lineup

Mr. Miller	11:00 A.M.
Ms. Woodman	12:30 P.M.
Ms. Jimenez	2:00 P.M.
Ms. Sanders	3:30 P.M.

【訳】問題 5-9 は次の広告と E メールに関するものです。

Island Creek Books
カリフォルニア州、Sacramento、160 Elm Drive

6月4日、本のサイン会
作家の Jerry Miller、Sharon Woodman、Maria Jimenez、Cindy Sanders に会おう

6月4日の日曜日、Island Creek Books では4人のベストセラー作家をお招きします。作家のみなさんの最近の著作は、購入することができるようになっております。そして、作家自身にサインをしていただくことが可能です。サイン本に加えて、作家がお集まりの方々との質疑応答の時間を含むパネルディスカッションを行います。Island Creek Café では、コーヒー、菓子パン、サンドイッチなどの軽食を提供いたします。

私どもが書店でこのようなイベントを催すのは、今回で4回目になります。これまでのように、無料でどなたでもご参加いただけます。作家のみなさんと一緒に素晴らしい一日を過ごしてみませんか。

ゲスト一覧

Miller 氏	午前 11 時
Woodman 氏	午後 12 時 30 分
Jimenez 氏	午後 2 時
Sanders 氏	午後 3 時 30 分

赤字の部分を中心に文書の流れを把握する

Questions 5-9 refer to the following advertisement and e-mail.

文書のタイプ ▶ ダブルパッセージ問題では、2つの文書名がfollowingの直後に示されます。これは「広告」と「Eメール」。まず第1文書の広告から見ていきます。広告では、①広告されているもの、②広告ターゲット、③広告主を押さえます。

Island Creek Books
160 Elm Drive, Sacramento, CA

Island Creek Booksの広告 ▶ 1行目はBooksで終わっているので、固有名詞で書店名だと見当をつけます。2行目は明らかに住所ですから、1行目が広告主の情報だと判断します。

Book Signing on Sunday, June 4!

著者によるサイン会のお知らせ ▶ 広告のヘッドコピーは、必ずチェックして趣旨の把握に役立てましょう。ここでは著者のサイン会（=Book Signing）が6月4日に開催されるというイベントが宣伝されています。また次行の人名のリストアップは、サイン会に参加する著者名と見当をつけておきます。

Guest lineup

ゲストのスケジュール ▶ 4人の名と時刻が次に示されています。サイン会の時程だと推測します。

【語句】

□ bestselling	【形】ベストセラーの	□ in addition to	～に加えて
□ author	【名】作家、著者	□ refreshment	【名】軽食、飲料物
□ recent	【形】最近の	□ pastry	【名】菓子パン
□ available	【形】入手可能な	□ delightful	【形】素晴らしい
□ purchase	【名】購入		

問題 5-9 の文書の流れ②

FROM : bjackson@islandcreekbooks.com
TO : woodman@1writer.net
DATE : June 1
SUBJECT : Sunday's schedule

Dear Ms. Woodman,

Thank you for your message. After I received it, I contacted Mr. Miller in regard to exchanging time slots. He indicated that he would be happy to exchange time slots with you.

We understand that you need to change to an earlier time slot in order to travel to Los Angeles to receive the National Writers' Guild Novel of the Year Award. We know you will be pressed for time in traveling to Los Angeles for the awards ceremony after attending our event, and we sincerely thank you for honoring your commitment to our book signing.

Regards,
Brenda Jackson

差出人：bjackson@islandcreekbooks.com
宛先：woodman@1writer.net
日付：6月1日
件名：日曜日のスケジュール

拝啓
Woodman 様

メッセージをありがとうございます。メッセージを受け取った後で、時間枠の交換に関して Miller さんと連絡を取りました。彼は喜んであなたとの時間枠を交換すると述べました。

National Writes' Guild Novel of the Year Award（今年度の全国作家協会小説賞）を受賞するためにあなたはロサンゼルスまで行くので、もっと早い時間枠に変更する必要があることを私どもは理解しております。私どものイベントに出席された後で授賞式のためにロサンゼルスへ行くのに、お時間に余裕がないことは承知しております。私どもの本のサイン会にご参加いただけます栄誉に心から感謝申し上げます。

敬具
Brenda Jackson

赤字の部分を中心に文書の流れを把握する

2 番目の文書は E メールです。メールや手紙・社内通達などの通信文では、差出人・宛先・日付・件名を先にチェックします。件名から「日曜日のスケジュール」についてのメールだとわかります。

Dear Ms. Woodman,
Thank you for your message.

メールの宛先と目的 ▶「Woodman 様、メッセージをありがとうございます」から、メールの送信者は、Woodman さんからの連絡への「返事」を書いているとわかります。広告末尾のリストに 2 番目のゲストとして出ていた人ですね。

After I received it, / I contacted Mr. Miller / in regard to exchanging time slots. / He indicated that / he would be happy / to exchange time slots with you. /

Miller さんと連絡した内容を伝える ▶ スラッシュで区切られた部分をかたまりとして意味をとっていくと、「メールを受け取った後 / ミラーさんに連絡した / 時間枠を交換する件で。/ ミラーさんは言った / 喜んで / あなたと時間枠を交換すると」ということだと理解できます。

ビジネス文書、特に通信文の用件はたいてい始めに述べられます。通信文ではヘッダー部分と第 1 段落をチェックすれば大意がつかめます。

【語句】

□ slot	【名】時間枠
□ indicate	【動】～を示す
□ be pressed for time	時間に追われている
□ awards ceremony	授賞式
□ attend	【動】～に出席する
□ sincerely	【副】心から、真摯に
□ honor	【動】～が栄誉となる
□ commitment	【名】献身、深い関与

パターン 7-5 難易度 ★★☆

近い意味の語を選ぶ

該当文の意味をしっかりチェック！

5. In the advertisement, the word "host" in paragraph 1, line 1, is closest in meaning to

(A) hold
(B) contact
(C) welcome
(D) organize

【訳】広告の第 1 段落、1 行目の host と最も意味が近いのは
(A) 持つ
(B) 連絡する
(C) 迎える（正解）
(D) 組織する

攻略 1 パッセージのタイプを確認する

Questions 5-9 refer to the following advertisement and e-mail.

すでに第 1 文書は広告、第 2 文書は E メールだとわかっていますね。

攻略 2 設問を先読みする

設問文冒頭に In the advertisement, とあるので、「広告」つまり第 1 文書を見て答えればよいことがわかります。この設問文は、決まった形で「第○段落の○行目の語は選択肢のどの語と似た意味か」を尋ねています。設問文を見たら、ターゲットの語（この場合 "host"）と段落数・行数をすばやく見て、本文にその語を探しましょう。

攻略 3 文書を読んで設問に答える

設問で指示された語が含まれている文は本文の１行目にあります。

> **On Sunday, June 4, / Island Creek Books will host /**
> **four bestselling authors. /**

「6 月 4 日日曜日、Island Creek Books は host します /4 人のベストセラー作家を」と、スラッシュで区切られた部分をかたまりとして語順通りに大まかに意味をとります。host の意味は「招く」と推測できますね。

該当の文の意味をとったら、選択肢を見てみましょう。

(A) hold は seminar、workshop、party などイベントを目的語にとって「開催する」の意を表します。この広告の趣旨は本のサイン会なので、「開催する」は文意に合いそうですが、早合点は禁物。ターゲット語を含む文をここでもう一度確認してみましょう。host の目的語は「サイン会」でなく、four bestselling authors（4 人のベストセラー作家）と「人」になっています。よって、(A) は不適切だと考えます。

(B) contact は「連絡する」の意。人を目的語にとれますが、6 月 4 日のサイン会当日に、「Island Creek Books が 4 人のベストセラー作家に連絡する」という文は意味を成しません。

(C) welcome は「歓迎する」の意。文意に合うので正解です。

念のため、(D) も確認しておきましょう。organize（組織する）は、人を目的語にとれますが、6 月 4 日に書店が作家に対して行うこととは考えられません。不適切だと判断します。

パターン 7-6 難易度 ★★★

文書に述べられていないい情報を選ぶ

選択肢中のキーワードをサーチ!

6. What is NOT indicated about the event?

(A) It will offer refreshments for attendees.

(B) It will be free.

(C) It will give awards to the authors.

(D) It has been held before.

【訳】イベントについて示されていないのは何ですか。
(A) 参加者に軽食が提供される。
(B) 無料である。
(C) 作家らに賞が贈られる。(正解)
(D) 以前にも開催されたことがある。

攻略 1 パッセージのタイプを確認する

すでに、第 1 文書は広告、第 2 文書は E メールと確認していますね。

攻略 2 設問を先読みする

設問文は NOT 疑問文です。つまり「イベントについて述べられていないことは何か」を尋ねています。選択肢 4 つのうち、3 つの内容はどちらかの文書で言及されているはずで、言及されていない残りの 1 つの選択肢を選ぶという問題です。通常の設問と比べて最大 3 倍の負荷がかかるので、設問の先読み時に NOT が見つかったら、潔く捨て問題にし、残りの問題で正解するために時間配分をするのも一手です。

攻略 3 文書を読んで設問に答える

この設問タイプでは選択肢からキーワード（主に名詞・動詞・形容詞）を読み取り、文書中の情報と一致しているか調べていきます。選択肢の It はどれも event を指しているので、まず広告からチェックしましょう。

(A) It will offer refreshments for attendees.

The Island Creek Café will be providing refreshments「Island Creek Café は軽食を提供いたします」とあり、文書の内容と一致します。

(B) It will be free.

「サイン会は無料だ」ということですね。広告第 2 段落 2 行目に and as always, it is free「いつもと同じく、無料です」と書かれています。

(C) It will give awards to the authors.

「作家に賞を授与します」の意です。広告には記載がありません。メールには受賞については述べられていますが、設問文中の the event と受賞は関係ありませんね。したがって、これが「イベントについて示されていない」事柄、つまり正解だと判断できます。

(C) をマークする！

(D) It has been held before.

has been held は受動態の現在完了形で、「以前に開催されたことがある」という意味です。(B) で見た and as always, it is free（いつもと同じく、無料です）の記述と一致します。この直前でも明確に「今回で 4 回目になる」と述べられています。

【語句】

□ attendee 【名】出席者

パターン 7-7　難易度 ★★★

複数の文書の情報を統合する

正解はリストの情報にプラスワン！

7. When will Mr. Miller most likely make his presentation?

(A) At 11:00 A.M.
(B) At 12:30 P.M.
(C) At 2:00 P.M.
(D) At 3:30 P.M.

【訳】Miller さんはおそらくいつプレゼンテーションをするでしょうか。
(A) 午前 11 時
(B) 午後 12 時 30 分（正解）
(C) 午後 2 時
(D) 午後 3 時 30 分

攻略 1 パッセージのタイプを確認する

第 1 文書は広告、第 2 文書は E メールです。ダブルパッセージ問題やトリプルパッセージ問題では、複数の文書の内容を統合して正解を導き出すこともときに必要になることに留意しておきましょう。

攻略 2 設問を先読みする

When will Mr. Miller most likely make his presentation?

設問は「Miller さんはおそらくいつプレゼンテーションをするでしょうか」と尋ねています。

攻略 3 文書を読んで設問に答える

日時や場所を尋ねる設問では、予定が変更されることが文書内で示され、日程表など目立つ情報が即、正解の情報源とはならない場合も多いので、早とちりしないようにしましょう。

Guest lineup
Mr. Miller 11:00 A.M.
Ms. Woodman 12:30 P.M.
Ms. Jimenez 2:00 P.M.
Ms. Sanders 3:30 P.M.

まず設問中の主語 Mr. Miller をカギに広告を見ると、4 人の著者のサイン会の時程が記されていますね。Mr. Miller の予定は 11:00 A.M. です。

ここで「11 時」が正解と早合点せず、もう 1 つの文書、メールを見てください。第 1 段落の 1 行目第 2 文に Mr. Miller が見つかります。

After I received it, / I contacted Mr. Miller / in regard to exchanging time slots. / He indicated that / he would be happy / to exchange time slots with you. /

「メールを受け取った後 / ミラーさんに連絡した / 時間枠を交換する件で。/ ミラーさんは言った / 喜んで / あなたと時間枠を交換すると」とあります。このメールの宛先は Woodman さんですから、広告の最後にあるゲスト一覧の中の Woodman さんの予定時刻が Miller さんの変更後の予定時刻になるわけですね。したがって、(B) 12:30 P.M. が正解です。

(B) をマークする！

パターン 7-8　難易度 ★★☆

文書の一部の情報を問う

設問文中のキーワードをサーチ！

8. Why did Ms. Jackson send the e-mail?

(A) To discuss payment details

(B) To inform an author about an award

(C) To reply to a request

(D) To plan a meeting

【訳】Jackson さんはどうして E メールを送ったのですか。
(A) 支払明細書について話し合うため
(B) 賞について著者に知らせるため
(C) 要求に対して返答するため（正解）
(D) 会議の予定を立てるため

攻略 1　パッセージのタイプを確認する

第 1 文書は広告、第 2 文書は E メールです。

攻略 2　設問を先読みする

Why did Ms. Jackson send the e-mail?

設問は「Jackson さんはどうして E メールを送ったのですか」と尋ねています。設問に Ms. Jackson と e-mail という語がありますね。Jackson さんは第 2 文書の E メールの差出人です。まず第 2 文書を見てメールの書かれた理由を探しましょう。

攻略 3 文書を読んで設問に答える

ビジネス文書、特にEメールや手紙などの通信文では、簡潔に用件を述べることが求められます。つまり、通信文を書いた「理由」を尋ねる設問に対する正解は、第1段落に述べられていることがほとんどです。

Dear Ms. Woodman, /
Thank you for your message. / After I received it, / I contacted Mr. Miller / in regard to exchanging time slots. / He indicated that / he would be happy / to exchange time slots with you. /

前問でも確認したように、ここは「Woodman 様 / メールを受け取った後 / 私はミラーさんに連絡した / 時間枠を交換する件で。/ ミラーさんは言った / 喜んで / あなたと時間枠を交換すると」という意味です。

ここから、メールの書き手 Jackson さんは、Woodman さんからすでに受け取ったメッセージへの返事を書いているとわかります。また、Woodman さんの用件は、サイン会の時間枠（= time slots）を変更してほしいということだと読み取れますね。

選択肢の中でこれを言い表しているのは、(C) To reply to a request「要求に対して返答するため」で、これが正解です。

(C) をマークする！

【語句】

□ payment details	【名】支払明細書
□ reply	【動】返答する

パターン 7-9 難易度 ★★☆

文書に示されている情報を選ぶ

設問文のキーワードを検索！

9. What is indicated about the National Writers' Guild Novel of the Year Award?

(A) Mr. Miller will attend the award ceremony.
(B) It will be awarded before the book signing.
(C) It is presented in Los Angeles every year.
(D) Ms. Woodman will receive the award.

【訳】National Writes' Guild Novel of the Year Award について示されていることは何ですか。
(A) Miller さんが授賞式に出席する。
(B) 本のサイン会の前に賞が与えられる。
(C) 毎年 Los Angeles で開催されている。
(D) Woodman さんが受賞する。（正解）

攻略① パッセージのタイプを確認する

第 1 文書は広告、第 2 文書は E メールです。

攻略② 設問を先読みする

設問は「National Writers' Guild Novel of the Year Award について示されていることは何ですか」と尋ねています。この場合、National Writers' Guild Novel of the Year Award がキーワードです。設問の先読みでは、キーワードを頭に刻みつけることが大切です。いつでも設問文中の名詞・動詞・形容詞をキーワードとして捉えましょう。固有名詞が含まれていれば、これもキーワードです。

攻略 3 文書を読んで設問に答える

キーワード National Writers' Guild Novel of the Year Award という語を基に 2 つの文書の情報を検索していきます。問題 5-8 まで 4 問を解いてきたなかで、第1文書の広告には書かれていなかったなという記憶があれば、それも有効活用してください。

> **We understand that / you need to change / to an earlier time slot / in order to travel to Los Angeles / to receive the National Writers' Guild Novel of the Year Award. /**

メールの第 2 段落1行目にキーワードが見つかりました。この周辺に正解のヒントがあるはずだと見当をつけます。まず、この文を［主語＋動詞］を軸に語順通りに読んでいきます。

読むときはスラッシュで区切られた部分をひとかたまりとして頭に意味を刻みつけていきます。「私たちは理解している / あなた（＝ Woodman さん）が変更を必要としていることを / もっと早い時間枠へ / LA に行くので / National Writers' Guild Novel of the Year Award を受賞するために」といった形で文意を把握します。つまり、Woodman さんは LA での授賞式に参加するためサイン会の時刻を早めたいと申し入れていたのですね。

選択肢も［主語＋動詞］を押さえながら意味を把握して、メール内で上の記述と合うものを探します。(A) は主語が Ms. Woodman であれば正解ですが、Miller さんは時間変更に対応してくれている人なので、不正解。また、サイン会の前に授賞式はない点で、(B) も不適切です。授賞式は毎年 LA で開かれるとは書いていないので (C) も NG です。Woodman さんが受賞すると述べている (D) が正解です。

(D) をマークする！

Part 7 練習問題

文書を読み、それぞれの設問について最も適切な答えを４つの中から選び、下記の解答欄の (A) ～ (D) のいずれかにマークしてください。

Questions 1-2 refer to the following article.

Purcellville to Create Recycling Program

The Purcellville town council has announced plans for a town-wide recycling program. Town council members chose the basic design of the recycling bins this past week. —[1]—. City tax money will be used to pay for half of the bin purchase, with the other half of the cost coming from advertising printed on the bins. Local businesses interested in participating in this project will not only be helping the community put its waste to better use but will also get a lot of advertising in return. —[2]—.

The recycling project is planned to begin at the end of next month. All residents will be encouraged to participate in the program, and each household will be given one bin. —[3]—. This can be done in-person at the town hall or online at www.recycle@purcellville.gov. —[4]—.

1. How can local businesses support the project?

(A) By buying advertising space
(B) By voting on the new project
(C) By providing recyclable materials
(D) By producing some recycling bins

2. In which of the positions marked [1], [2], [3], and [4] does the following sentence best belong?

"However, you must first register with the town council to receive one."

(A) [1]
(B) [2]
(C) [3]
(D) [4]

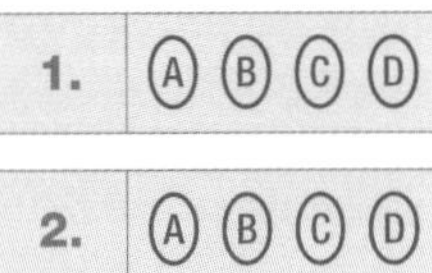

Questions 3-4 refer to the following online chat discussion.

Belinda Shields [10:34 A.M.]:
Kevin, do you have a moment? I've got a problem with the software I'm using. I have a presentation this afternoon, so it's a bit urgent. Can you or one of the other IT guys help?

Kevin Butcher [10:36 A.M.]:
Sure, that's what we're here for! What's the problem?

Belinda Shields [10:40 A.M.]:
I used the CellScape spreadsheet software to make a chart showing the breakdown of January's sales. That worked fine, but in order to make the slides for my presentation, I need to import the chart into Turbo Graphix. The problem is that the chart isn't appearing in Turbo Graphix.

Kevin Butcher [10:43 A.M.]:
OK, that's strange. Turbo Graphix should be able to read CellScape files without any problems. What format did you save the chart in?

Belinda Shields [10:45 A.M.]:
I'm just looking now and the tag reads ".CCS" — is that right?

Kevin Butcher [10:48 A.M.]:
It should be. It might be that you're using an old version of Turbo Graphix and it's having trouble importing files made with the latest version of CellScape. I'll come up and install the latest version. You'll probably be OK then.

3. What is indicated about Mr. Butcher?

(A) He is a technical expert.
(B) He is a graphic designer.
(C) He is good at giving presentations.
(D) He has never used spreadsheet software before.

4. At 10:36 A.M., what does Mr. Butcher mean when he writes, "that's what we're here for"?

(A) He's not available at the moment.
(B) He helped develop the software.
(C) He doesn't understand the problem.
(D) He's happy to help.

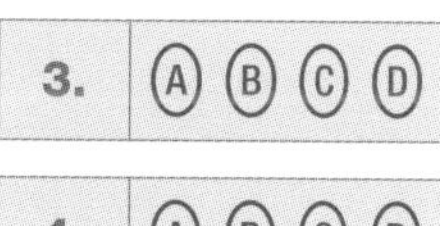

3.	(A) (B) (C) (D)
4.	(A) (B) (C) (D)

Questions 5-9 refer to the following Web page and e-mails.

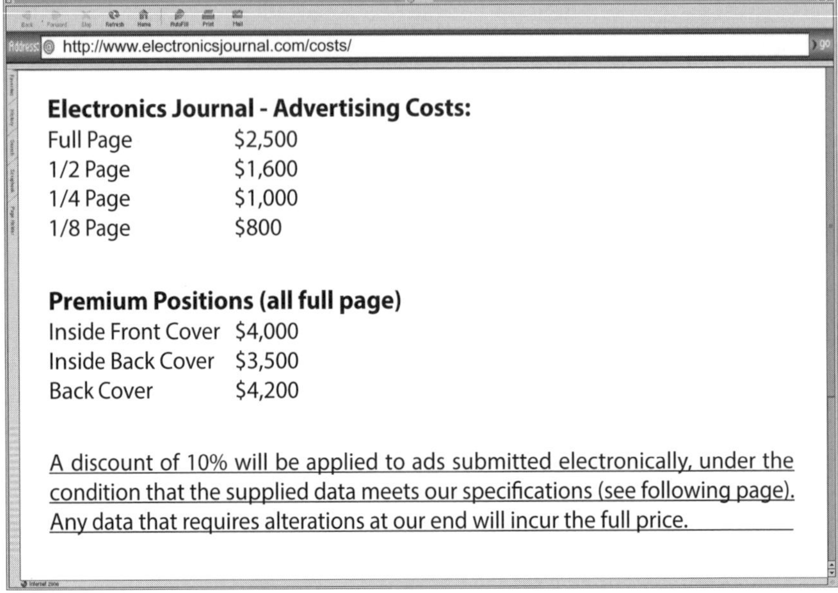

http://www.electronicsjournal.com/costs/

Electronics Journal - Advertising Costs:

Full Page	$2,500
1/2 Page	$1,600
1/4 Page	$1,000
1/8 Page	$800

Premium Positions (all full page)

Inside Front Cover	$4,000
Inside Back Cover	$3,500
Back Cover	$4,200

A discount of 10% will be applied to ads submitted electronically, under the condition that the supplied data meets our specifications (see following page). Any data that requires alterations at our end will incur the full price.

FROM : Rosanna Krupp
TO : info@ejmonthly.com
DATE : January 11
SUBJECT : Re: Invoice

Dear Sir/Madam,

Last week, my company, Hathaway Software Solutions, submitted data for a full page back cover ad and one regular 1/8 page advertisement. We received an invoice from you this morning and I have a question about the total.

The amount to be paid doesn't seem to include the 10% discount for online submissions. Is there a mistake in the invoice, and if so, can you send a fresh invoice for the correct amount ASAP, so we can move forward with payment quickly? It is important that these advertisements are published in your October issue, in order to coincide with our new product launch.

Rosanna Krupp
Accounts Department, Hathaway Software Solutions

FROM :	Terry Nolan
TO :	Rosanna Krupp
DATE :	January 12
SUBJECT :	Re: re: Invoice

Hi Rosanna,

I checked your invoice, and it seems the discount for electronic submissions wasn't applied in your case because the data submitted did not fit our standard templates. As a result, our designers were required to make alterations to ensure the ads fit cleanly into the page layouts. In accordance with our policy, the full listed price applies.

If you wish to proceed with the advertisements in time for October's issue, we need to receive the payment in full by 3 P.M. tomorrow.

Terry Nolan
Electronics Journal
Advertising & Marketing Section

5. What is the purpose of the first e-mail?

(A) To ask for an additional discount
(B) To ask a question about an invoice
(C) To complain about a delay in publication
(D) To make a payment

6. In the first e-mail, the word "fresh" in paragraph 2, line 2, is closest in meaning to

(A) clear
(B) simple
(C) reliable
(D) new

7. How much was the total of Ms. Krupp's invoice?

(A) $3,300
(B) $4,500
(C) $5,000
(D) $5,500

8. Why does Ms. Krupp want the advertisements to appear in the October issue?

(A) To help promote a new product
(B) Because she missed the previous deadline
(C) Because the campaign is seasonal
(D) To qualify for a discount

9. What was the problem with Ms. Krupp's advertisement?

(A) It was delivered late.
(B) The designers were too busy.
(C) The data did not meet specifications.
(D) The magazine does not accept electronic data.

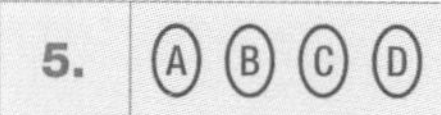

6.	Ⓐ Ⓑ Ⓒ Ⓓ
7.	Ⓐ Ⓑ Ⓒ Ⓓ
8.	Ⓐ Ⓑ Ⓒ Ⓓ

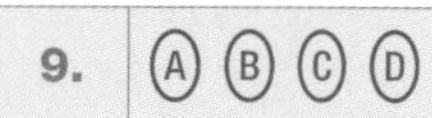

問題 1-2 の文書の流れ

Questions 1-2 refer to the following article.

Purcellville to Create Recycling Program

The Purcellville town council has announced plans for a town-wide recycling program. Town council members chose the basic design of the recycling bins this past week. —[1]—. City tax money will be used to pay for half of the bin purchase, with the other half of the cost coming from advertising printed on the bins. Local businesses interested in participating in this project will not only be helping the community put its waste to better use but will also get a lot of advertising in return. —[2]—.

The recycling project is planned to begin at the end of next month. All residents will be encouraged to participate in the program, and each household will be given one bin. —[3]—. This can be done in-person at the town hall or online at www.recycle@purcellville.gov. —[4]—.

【訳】問題 1-2 は次の記事に関するものです。

Purcellville、リサイクル・プログラムを考案する予定

Purcellville 市議会は、市全域にわたるリサイクル・プログラム計画を発表しました。今週、市議会議員によってリサイクル用ごみ箱の基本的なデザインが選ばれました。半数のごみ箱を購入するために市税が使われ、もう半分の費用はごみ箱に印刷された広告によって負担されます。このプロジェクトへの参加に興味を示している地元の企業は、地域社会が廃棄物を有効活用することに貢献できるだけではなく、見返りとして大々的な宣伝活動をすることができます。

このリサイクル・プロジェクトは、来月末から開始される予定です。すべての市民がこのプログラムに参加することを促され、各世帯に1つのごみ箱が支給されます。[しかし、ごみ箱を受け取るには、最初に市議会に登録しなければなりません。] 市役所に直接出向いて行うか、www.recycle@purcellville.gov ではオンラインで手続きができます。

赤字の部分を中心に文書の流れを把握する

Questions 1-2 refer to the following article.

文書のタイプ ▶ ここでは article、つまり「記事」です。

Purcellville to Create Recycling Program

Purcellville がリサイクル・プログラムを考案 ▶ 記事のタイトル部分です。タイトルから記事全体の趣旨の見当がつくので、見逃さずにしっかり意味をとりましょう。これは「Purcellville はリサイクル・プログラムを考案する予定」という意味になります。記事のタイトルや新聞のヘッドラインでは、主語に対応する動詞は、予定を表すとき to 不定詞を用いるというルールがあります。記事本文なら Purcellville will create recyclying program. となるものが、タイトルではこのように to 不定詞で表現されます。

The Purcellville town council has announced / plans / for a town-wide recycling program. /

リサイクル・プログラムの概要が述べられる ▶ 記事では各段落の第 1 文に各段落の趣旨が示されます。「Purcellville 市議会は / 発表した / プランを / 市全域にわたるリサイクル・プログラムのための」という意味だと把握できます。この段落ではリサイクル・プログラムの概要が述べられていると推測します。

The recycling project / is planned to begin / at the end of next month.

リサイクル・プログラムの開始時期が述べられる ▶「このリサイクル・プロジェクトは / 開始が予定されている / 来月末に」と意味をとります。この段落では、リサイクル・プロジェクトの時期など詳細が述べられるのかなと推測できます。

【語句】

□ council	【名】地方議会	□ encourage	【動】～を奨励する
□ member	【名】議員	□ household	【名】家族、世帯
□ bin	【名】ごみ箱	□ register with	～に登録する
□ waste	【名】廃棄物	□ in-person	【形】対面で
□ in return	見返りとして	□ town hall	【名】市役所

PART 1 PART 2 PART 3 PART 4 PART 5 PART 6 PART 7

1. パターン 7-8 文書の一部の情報を問う

難易度 ★★☆

1. How can local businesses support the project?
(A) By buying advertising space（正解）
(B) By voting on the new project
(C) By providing recyclable materials
(D) By producing some recycling bins

【解説】

設問文の主語 local businesses「地元の企業」を文書に探すと、第１段落５行目からの文に主語として見つかります。ここでは、このプロジェクトをサポートすることで「地域社会が廃棄物を有効活用することへの貢献」と「宣伝活動」ができると述べています。またその前文の情報と合わせるとごみ箱に広告を掲載することで貢献できるとわかるので、(A) が正解です。

【訳】 地元企業はどのようにプロジェクトを支援することができますか。
(A) 広告スペースを購入することで（正解）
(B) 新しいプロジェクトに賛成票を投じることで
(C) リサイクル可能な物質を提供することで
(D) リサイクル用のごみ箱を生産することで

【語句】
☐ vote on　～に賛成の票を投じる
☐ recyclable 【形】リサイクル可能な

2. パターン 7-2 適切な位置に文を挿入する

難易度 ★★★

2. In which of the positions marked [1], [2], [3], and [4] does the following sentence best belong?

"However, you must first register with the town council to receive one."

(A) [1]
(B) [2]
(C) [3]（正解）
(D) [4]

【解説】

挿入文は「でも１つ受け取るためにはまず市議会に登録しなければならない」の意。文末の one は代名詞で、既出の物と同類の１つを指すときに用いられます。one が何か探していくと、第２段落に each household will be given one bin「各世帯に１つのごみ箱が支給される」とあり、one はごみ箱を指しているとわかります。したがって、この直後の [3] が適切な位置だと判断します。

【訳】 [1]、[2]、[3]、[4] と記載された箇所のうち、次の文が入るのに最もふさわしいのはどの位置ですか。

「しかし、ごみ箱を受け取るには、最初に市議会に登録しなければなりません。」

(A) [1]
(B) [2]
(C) [3]（正解）
(D) [4]

問題 3-4 の文書の流れ

Questions 3-4 refer to the following online chat discussion.

Belinda Shields [10:34 A.M.]:
Kevin, do you have a moment? I've got a problem with the software I'm using. I have a presentation this afternoon, so it's a bit urgent. Can you or one of the other IT guys help?

Kevin Butcher [10:36 A.M.]:
Sure, that's what we're here for! What's the problem?

Belinda Shields [10:40 A.M.]:
I used the CellScape spreadsheet software to make a chart showing the breakdown of January's sales. That worked fine, but in order to make the slides for my presentation, I need to import the chart into Turbo Graphix. The problem is that the chart isn't appearing in Turbo Graphix.

Kevin Butcher [10:43 A.M.]:
OK, that's strange. Turbo Graphix should be able to read CellScape files without any problems. What format did you save the chart in?

Belinda Shields [10:45 A.M.]:
I'm just looking now and the tag reads ".CCS" — is that right?

Kevin Butcher [10:48 A.M.]:
It should be. It might be that you're using an old version of Turbo Graphix and it's having trouble importing files made with the latest version of CellScape. I'll come up and install the latest version. You'll probably be OK then.

赤字の部分を中心に文書の流れを把握する

Questions 3-4 refer to the following online chat discussion.

文書のタイプ ▶ 文書タイプは、online chat discussion「オンライン·チャットでの話し合い」です。

I've got a problem / with the software I'm using.

Shields Butcher さんにソフトに問題があると伝える ▶ 10:34 A.M. に Shields さんが「問題がある / 自分の使っているソフトに」と述べています。

The problem is that the chart isn't appearing in Turbo Graphix.

Shields Butcher さんに問題の内容を伝える ▶ Shields さんは10:40 A.M.に「問題は / グラフが表示されない / Turbo Graphix に」と問題の内容を伝えています。

I'll come up / and install the latest version. / You'll probably be OK then.

Butcher Shields さんに解決手段を提示する ▶ Butcher さんは 10:48 A.M. に、「そこに行って / 最新バージョンをインストールしてあげよう。/ たぶんそれで大丈夫」と解決手段を示しています。

比較的長めのチャットですが、問題があることが冒頭で述べられているので、問題の内容、解決方法、解決したのかどうか、などに注意してチャットの流れを追いましょう。

【訳】問題 3-4 は次のオンライン・チャットでの話し合いに関するものです。

Belinda Shields［午前 10 時 34 分］
Kevin、時間あるかしら？　使っているソフトウェアに問題があって。今日の午後にプレゼンテーションがあるから、ちょっと急いでいるの。あなたか IT 部門の誰かに助けてもらえないかしら。

Kevin Butcher［午前 10 時 36 分］
もちろん、我々はそのためにいるのだから。どんな問題なの？

Belinda Shields［午前 10 時 40 分］
1 月の売り上げの内訳を表すグラフを作るために、表計算ソフトの CellScape を使っていたの。問題なく動作していたのだけれど、自分のプレゼンテーションのスライドを作るために、グラフを Turbo Graphix で取り込む必要があって。問題というのは、グラフが Turbo Graphix で表示されないということなの。

Kevin Butcher［午前 10 時 43 分］
わかった。変だね。Turbo Graphix は CellScape のファイルを問題なく読み込むことができるはずだよ。そのグラフをどんな形式で保存したの？

Belinda Shields［午前 10 時 45 分］
いまちょっと見てみるわね。拡張子は .CCS となっているわ。これで正しいのかしら？

Kevin Butcher［午前 10 時 48 分］
そのはずだよ。あなたは Turbo Graphix の古いバージョンを使っているのかもしれないね。CellScape の最新バージョンで作ったファイルを読み込むとトラブルが起こるんだ。そっちに行って、最新バージョンをインストールするよ。それで、大丈夫なはずだ。

【語句】

□ urgent	【形】緊急の	□ import	【動】～を取り込む
□ spreadsheet	【名】表計算	□ tag	【名】拡張子
□ breakdown	【名】内訳、明細	□ install	【動】～をインストールする

3. パターン 7-9 文書に示されている情報を選ぶ

3. What is indicated about Mr. Butcher?
(A) He is a technical expert.（正解）
(B) He is a graphic designer.
(C) He is good at giving presentations.
(D) He has never used spreadsheet software before.

【解説】
Butcherさんについての正しい記述を問う問題です。まず選択肢を読みましょう。(A) technical expert、(B) graphic designer、(C) good at / presentations、(D) never used / softwareをキーワードとして頭に入れます。これを文書に検索すると、冒頭でShieldsさんがButcherさんにソフトウェアの問題について相談しているので、(A)「技術者」と判断します。

【訳】Butcherさんについてどんなことが示されていますか。
(A) 彼は技術者である。（正解）
(B) 彼はグラフィックデザイナーである。
(C) 彼はプレゼンをするのが得意である。
(D) 彼は以前に表計算ソフトを使ったことがない。

【語句】
□ technical expert【名】技術者

4. パターン 7-3 発言の意図を問う

4. At 10:36 A.M., what does Mr. Butcher mean when he writes, "that's what we're here for"?
(A) He's not available at the moment.
(B) He helped develop the software.
(C) He doesn't understand the problem.
(D) He's happy to help.（正解）

【解説】
"that's what we're here for"は「それが、私たちがここにいる理由だ」という意味です。ある文の意図を知るためには、その直前を見ます。ShieldsさんがCan you or one of the other IT guys help?と助けを求めています。ここから、設問文は「ITのトラブル解決のために私たちがいるのだから、もちろんお助けします」の意味だと読み取れます。

【訳】午前10時36分に、Butcherさんが書いている"that's what we're here for"は、何を意味していますか。
(A) 彼は現時点で手が空いていない。
(B) 彼はそのソフトの開発を手伝った。
(C) 彼は問題を理解していない。
(D) 彼は喜んで手伝う。（正解）

【語句】
□ available【形】手が空いている

PART 1 PART 2 PART 3 PART 4 PART 5 PART 6 PART 7

問題 5-9 の文書の流れ①

Questions 5-9 refer to the following Web page and e-mails.

http://www.electronicsjournal.com/costs/

Electronics Journal - Advertising Costs:

Full Page	$2,500
1/2 Page	$1,600
1/4 Page	$1,000
1/8 Page	$800

Premium Positions (all full page)

Inside Front Cover	$4,000
Inside Back Cover	$3,500
Back Cover	$4,200

A discount of 10% will be applied to ads submitted electronically, under the condition that the supplied data meets our specifications (see following page). Any data that requires alterations at our end will incur the full price.

問題 5-9 は次のウェブページと複数の E メールに関するものです。

http://www.electronicsjournal.com/costs/

Electronics Journal　広告費用

全ページ	2,500 ドル
1/2 ページ	1,600 ドル
1/4 ページ	1,000 ドル
1/8 ページ	800 ドル

割増価格の広告ページ（すべて全ページ）

表紙の見返し面	4000 ドル
裏表紙の見返し面	3500 ドル
裏表紙	4200 ドル

提供されたデータが私どもの仕様を満たしているという条件の下であれば、電子媒体で提出された広告には 10%の割引が適用されます（次のページを参照ください）。私どもで変更が必要になるデータについては、全額を負担していただくことになります。

赤字の部分を中心に文書の流れを把握する

Questions 5-9 refer to the following Web page and e-mails.

文書のタイプ ▶ 文書の種類は「ウェブページ」と「複数の E メール」です。

Electronics Journal - Advertising Costs:

Electronics Journal の広告料金 ▶ 見出しの下には金額が並んでいます。Electronics Journal という媒体に広告を掲載する際の料金一覧だと推測できますね。金額の左にサイズを表す数字と Page という語が並んでおり、広告の大きさにより金額が異なることがわかります。

Premium Positions (all full page)

割増価格の掲載ページ ▶ 2 番目の見出しの下にも金額が並んでいますが、前の金額よりどれも高くなっていますね。この premium は形容詞で、「プレミアム付きの、割増価格の」の意。「表紙の裏など目立つ箇所への掲載料金が、これに続く 3 行で示されています。

A discount of 10% will be applied to / ads submitted electronically, / under the condition / that the supplied data meets our specifications / (see following page). /

割引価格の適用について述べられる ▶ スラッシュで区切られたかたまり単位で読んでいきます。「10% 割引が適用される / オンラインで提出された広告に関しては、/ 以下の条件下で / 提供されたデータが弊社の仕様に合うという（条件下で）/（次ページ参照）/」と大意がつかめます。

【語句】

□ apply	【動】適用する	□ condition	【名】条件、状況
□ submit	【動】～を提出する	□ meet	【動】（条件）を満たす
□ electronically	【副】電子媒体を使って	□ specification	【名】仕様
□ supply	【動】～を供給する	□ incur	【動】～を負担する

問題 5-9 の文書の流れ②

FROM: Rosanna Krupp
TO: info@ejmonthly.com
DATE: January 11
SUBJECT: Re: Invoice

Dear Sir/Madam,

Last week, my company, Hathaway Software Solutions, submitted data for a full page back cover ad and one regular 1/8 page advertisement. We received an invoice from you this morning and I have a question about the total.

The amount to be paid doesn't seem to include the 10% discount for online submissions. Is there a mistake in the invoice, and if so, can you send a fresh invoice for the correct amount ASAP, so we can move forward with payment quickly? It is important that these advertisements are published in your October issue, in order to coincide with our new product launch.

Rosanna Krupp
Accounts Department, Hathaway Software Solutions

差出人：Rosanna Krupp
宛先：info@ejmonthly.com
日付：1月11日
件名：Re: インボイス

ご担当者様
先週、私ども Hathaway Software Solutions は裏表紙の全ページ広告と通常の 1/8 ページ広告のデータを提出いたしました。今朝、御社からインボイスを受け取りましたが、合計金額について質問があります。

支払われるべき総額には、オンラインでの提出による 10%の割引が含まれていないようです。インボイスに誤りはありませんか。もし、そうであれば、正しい総額に関する新しいインボイスを大至急送ってもらえませんか。それにより、支払いを迅速に実行することができるようになります。上記の広告は私どもの新製品の発売と合わせるために、10月号で出版されることが重要です。

Rosanna Krupp
Hathaway Software Solutions 会計部

赤字の部分を中心に文書の流れを把握する

SUBJECT: Re: Invoice

メールの件名 ▶ 前ページの流れで確認したように、これはEメールです。メールの場合、差出人・宛先・日付・件名をまず確認しておきましょう。特に件名はメールの趣旨を理解する重要な材料となります。ここでは Invoice（インボイス）と書かれています。明細の書かれた請求書のことです。

We received / an invoice from you / this morning / and I have a question / about the total.

インボイスに関する疑問を述べる ▶ ビジネス文書の第1段落には、重要な用件が述べられるので、語順通りに読んで大意をつかみましょう。第1文では差出人が「すでに広告用データを提出した」と述べています。第2文は上の通り「私どもは受け取った / 御社からのインボイスを / 今朝 / そして質問がある / 合計金額について」と大意をとります。 ここから、広告料金が予測していたものと異なるために出したメールだと推測できます。続いて第2段落の第1文を読みます。

The amount to be paid / doesn't seem to include the 10% discount /for online submissions.

割引価格が適用されていないと伝える ▶ 第2段落以降も、段落の趣旨が述べられるトピック・センテンス（第1文）の意味を語順通りにきちんととっていきましょう。「支払金額は / 10%割引を含んでいないようだ / オンライン提出に関する」。割引が適用されていないことへの問い合わせのメールだとわかりますね。

【語句】

□ invoice	【名】インボイス	□ ASAP	大至急、早急に
□ ad	【名】広告	□ payment	【名】支払い、支払金
□ amount	【名】金額、総額	□ issue	【名】（定期刊行物の）号
□ submission	【名】提出、提案	□ coincide	【動】同時に起こる
□ correct	【形】正しい、正確な	□ launch	【名】開始、発売

問題 5-9 の文書の流れ③

FROM : Terry Nolan
TO : Rosanna Krupp
DATE : January 12
SUBJECT : Re: re: Invoice

Hi Rosanna,

I checked your invoice, and it seems the discount for electronic submissions wasn't applied in your case because the data submitted did not fit our standard templates. As a result, our designers were required to make alterations to ensure the ads fit cleanly into the page layouts. In accordance with our policy, the full listed price applies.

If you wish to proceed with the advertisements in time for October's issue, we need to receive the payment in full by 3 P.M. tomorrow.

Terry Nolan
Electronics Journal
Advertising & Marketing Section

差出人：Terry Nolan
宛先：Rosanna Krupp
日付：1 月 12 日
件名：Re: re: インボイス

こんにちは、Rosanna 様

御社宛てのインボイスを調べたところ、オンラインでの提出に関する割引は御社のケースには適用されていないようです。というのは、提出されたデータが、弊社の標準的なテンプレートに適合しなかったためです。その結果、広告がページレイアウトにきちんと合うように、弊社のデザイナーが修正をする必要がありました。弊社の方針にしたがって、定価表に記載されている全額が適用になります

もし、10 月号に間に合うように広告を進行されたいのであれば、明日の午後 3 時までに私どもに全額をお支払いしていただく必要があります。

Terry Nolan
Electronics Journal
広告マーケティング課

赤字の部分を中心に文書の流れを把握する

FROM:	Terry Nolan
TO :	Rosanna Krupp
DATE:	January 12
SUBJECT:	Re: re: Invoice

メールのヘッダー ▶ 第 3 文書も E メールです。ヘッダーから第 2 文書への返信だとわかります。

I checked your invoice, / and it seems / the discount for electronic submissions wasn't applied / in your case / because the data submitted / did not fit our standard templates. /

割引が適用されなかった理由を述べる ▶ 続いて、第 1 段落を語順通り頭に意味を貼りつけながら、スラッシュで区切られたかたまり単位で読んでいきます。

「私は御社へのインボイスを確認した / そして以下のことがわかった / オンライン提出による割引は適用されなかったと / 御社の場合 / なぜなら提出されたデータは / 弊社の標準的なテンプレートに適合しなかったから」

かなり長い一文ですが、上のように語順通りに意味をとれたでしょうか。返信の趣旨は、「合計金額は誤りではなく、割引適用条件に適合しなかったため、割引が適用されていない」ということですね。

これ以降の文では、文脈から今後の対応について述べられていると推測できます。

【語句】

- □ electronic 【形】電子媒体を使った
- □ alteration 【名】変更、修正
- □ in accordance with ～に従って
- □ policy 【名】方針
- □ listed price 定価表に記載されている価格
- □ proceed 【動】続行する
- □ in time for ～に間に合うように

5. パターン 7-1 文書の目的を問う

難易度 ★☆☆

5. What is the purpose of the first e-mail?
(A) To ask for an additional discount
(B) To ask a question about an invoice（正解）
(C) To complain about a delay in publication
(D) To make a payment

【解説】
設問文中に first e-mail「最初のメール」とあるので、迷わず第 2 文書に必要な情報を探します。件名を「インボイス」と確認した後、ビジネス文書の目的は第 1 段落で述べられるのでここを頭から読んでいくと、第 2 文の末尾で「合計金額について質問があります」と述べています。したがって、正解はこれとほぼ同じ意味を表す (B) です。

【訳】最初の E メールの目的は何ですか。
(A) 追加の割引を求めるため
(B) インボイスについて問い合わせるため（正解）
(C) 発行の遅延について苦情を言うため
(D) 支払いをするため

【語句】
- □ complain 【動】苦情を言う
- □ publication 【名】出版、出版物

6. パターン 7-5 近い意味の語を選ぶ

難易度 ★☆☆

6. In the first e-mail, the word "fresh" in paragraph 2, line 2, is closest in meaning to
(A) clear
(B) simple
(C) reliable
(D) new（正解）

【解説】
設問文の指示通り、第 2 文書の第 2 段落 2 行目から fresh を含む一文を見つけて意味をとります。fresh は「インボイスに誤りはありませんか」で始まる一文にあり、前問からも、差出人はインボイスの合計金額が異なっていると言っていることがわかっているので「大至急送ってもらえませんか」と依頼する fresh invoice は「新しいインボイス」だと推測できます。

【訳】最初の E メールの第 2 段落、2 行目の fresh と最も意味が近いのは
(A) 明快な
(B) 単純な
(C) 信頼できる
(D) 新しい（正解）

【語句】
- □ reliable 【形】信頼できる

7. パターン 7-7 複数の文書の情報を統合する

難易度 ★★★

7. How much was the total of Ms. Krupp's invoice?
(A) $3,300
(B) $4,500
(C) $5,000（正解）
(D) $5,500

【解説】
Krupp さんは第 2 文書（最初のメール）の差出人です。ここで「裏表紙 1 ページと 1/8 ページ」の広告を提出したと述べているので、第 1 文書の料金表で調べると、それぞれ 4200 ドルと 800 ドルとあります。よって正解は合計金額 5000 ドルです。10% 割引が適用されると 4500 ドルとなりますが、第 3 文書から割引適用条件には該当しないとあるので、正解は (C) です。

【訳】Krupp さんのインボイスは総額いくらでしたか。
(A) 3,300 ドル
(B) 4,500 ドル
(C) 5,000 ドル（正解）
(D) 5,500 ドル

【語句】
□ invoice 【名】インボイス、送り状

8. パターン 7-8 文書の一部の情報を問う

難易度 ★★☆

8. Why does Ms. Krupp want the advertisements to appear in the October issue?
(A) To help promote a new product（正解）
(B) Because she missed the previous deadline
(C) Because the campaign is seasonal
(D) To qualify for a discount

【解説】
複数パッセージの問題では、各設問の正解ヒントがどの文書にありそうか、うまく見当をつけることが大切です。この場合、設問文の主語と動詞は Ms. Krupp と want なので、Krupp さんが出した第 2 文書をまず見ます。October issue に関する記述を拾うと最終文に「10 月号で新製品の発売に合わせた広告が必要」とあるので、正解は (A) です。

【訳】なぜ Krupp さんは、10 月号に広告が掲載されることを望んでいるのですか。
(A) 新製品の宣伝を促すため（正解）
(B) 彼女が以前の締め切りに間に合わなかったため
(C) キャンペーンが季節限定だから
(D) 割引の資格を得るため

【語句】
□ previous 【形】前の、以前の
□ qualify 【動】資格を得る

9. パターン 7-8 文書の一部の情報を問う

難易度 ★☆☆

9. What was the problem with Ms. Krupp's advertisement?
(A) It was delivered late.
(B) The designers were too busy.
(C) The data did not meet specifications.（正解）
(D) The magazine does not accept electronic data.

【解説】

Krupp さんの広告の問題点を指摘できるのは、取引先だと考え、第 3 文書（2 番目のメール）の中に、problem、not good などの否定的な語を探します。第 1 段落 2 行目に the data submitted did not fit our standard templates（提出されたデータが、弊社の標準的なテンプレートに適合しなかった）とあります。これを言い換えた (C) が正解です。

【訳】 Krupp さんの広告には何に問題がありましたか。
(A) 遅れて届けられた。
(B) デザイナーが多忙だった。
(C) データが仕様を満たしていなかった。（正解）
(D) 雑誌が電子データを受理しなかった。

【語句】
□ accept 【動】～を受理する

Part 7 頻出単語・フレーズ

59

頻出単語

- □ firm 【名】会社、事務所
- □ résumé 【名】履歴書
- □ reference 【名】照会状、推薦状
- □ interview 【名】【動】面接 / 面接する
- □ contract 【名】契約書
- □ evolution 【名】発展
- □ termination 【名】終結、打ち切り
- □ renewal 【名】更新
- □ distributor 【名】卸売業者
- □ exhibition 【名】展覧会
- □ security deposit 敷金、保証金
- □ balance 【名】残高
- □ due date 【名】締切日、支払期日
- □ estimate 【名】【動】見積書 / 見積もる
- □ grant 【名】【動】助成金 / 与える
- □ rent 【名】【動】賃借料 / 賃借する
- □ portray 【動】表現する
- □ commemorate 【動】記念する
- □ amend 【動】修正する
- □ deteriorate 【動】悪化する
- □ determine 【動】決定する
- □ preliminary 【形】準備の
- □ attached 【形】添付されている
- □ enclosed 【形】同封されている
- □ durable 【形】耐久性のある
- □ defective 【形】欠陥のある
- □ reasonable 【形】妥当な、理性的な
- □ promptly 【副】迅速に
- □ previously 【副】以前に
- □ thorougly 【副】徹底的に

頻出フレーズ

- □ feel free to do
  自由に〜する、遠慮なく〜する
- □ don't hesitate to do
  ためらわずに〜する
- □ come across
  出くわす
- □ in the event that
  万一〜の場合には
- □ in case that
  万一〜の場合には
- □ provide A with B
  A に B を提供する
- □ equip A with B
  A に B を備え付ける
- □ replace A with B
  A を B に取り替える
- □ as soon as possible (ASAP)
  できるだけ早く
- □ make a donation
  寄付する
- □ make changes to
  〜に変更を加える
- □ in the long run
  長い目で見れば、長期的には
- □ in the short run (term)
  短期的には
- □ in the medium run
  中期的には

トレーニング用 PDF の無料ダウンロードについて

*p.*296 の「リスニング力底上げトレーニング」や *p.*302「リーディング力底上げトレーニング」のトレーニングを行う際に、便利な PDF をご用意しています。

Part 3　練習問題 4-6　41

W: Excuse me, I'm trying to get to my connecting flight. I just arrived here from Edmonton and I'm headed for San Diego. Do you know which gate I need to go to for Flight 76?

M: Let me see. Your flight is departing from Gate C44. That's in Terminal C, so you'll need to take the shuttle bus. This is Terminal A.

W: Oh, how long does that take? My flight arrived a little late, so I'm worried I won't get to the connecting flight in time. Didn't it already start boarding?

M: Yes, it did, but you should still have time. The shuttle only takes five minutes. I'll give my coworker at the gate a call to let them know that you are running a little late.

スラッシュ入りスクリプト

W: Excuse me, / I'm trying to get to my connecting flight. / I just arrived here from Edmonton / and I'm headed for San Diego. / Do you know which gate I need to go to / for Flight 76? /

M: Let me see. / Your flight is departing from Gate C44. / That's in Terminal C, / so you'll need to take the shuttle bus. / This is Terminal A. /

W: Oh, how long does that take? / My flight arrived a little late, / so I'm worried I won't get to the connecting flight in time. / Didn't it already start boarding? /

M: Yes, it did, / but you should still have time. / The shuttle only takes five minutes. / I'll give my coworker at the gate a call / to let them know / that you are running a little late. /

ダウンロードする方法

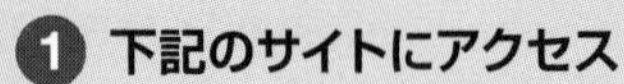

❶ 下記のサイトにアクセス

https://www.cosmopier.com/download/4864541485/

❷ パスワードの「1006」を入力する

PDF のダウンロードの項目が表示されたら、クリックして必要な PDF をダウンロードしてください。

付録

- リスニング力底上げトレーニング 296
- リーディング力底上げトレーニング 302
- 試験直前10分前チェック 308

リスニング力底上げトレーニング

Part 1 や Part 2 はなんとかなるけれど、Part 3 と Part 4 はお手上げ……という方のための練習法を紹介します。

Preparation（準備）

この本に収載している Part 3（または Part 4）の会話（またはトーク）音声を使ってトレーニングを行います。例として、Part 3 練習問題 4-6 の会話（音声ファイル 43）を用いて説明します。

この会話は本書の *p.*112 にスクリプトが載っています。まずスクリプトのページをコピーしてください。

あるいは、コスモピアのウェブサイトからスクリプトの PDF を無料でダウンロードすることができます（*p.*294 参照）。

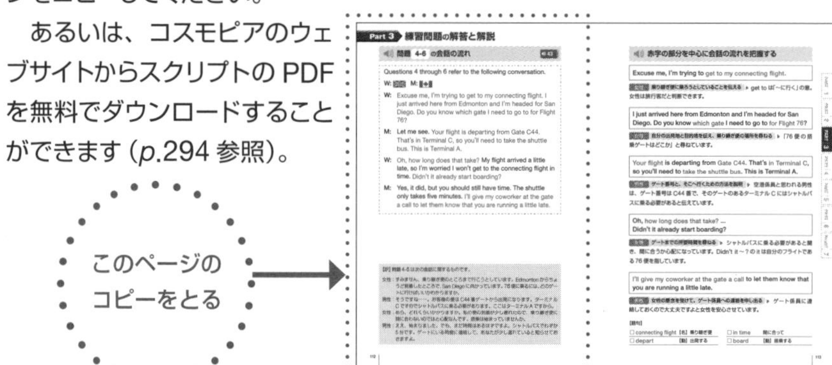

Part 3 練習問題の解答と解説

問題 4-6 の会話の流れ

Questions 4 through 6 refer to the following conversation.

W: Excuse me, I'm trying to get to my connecting flight. I just arrived here from Edmonton and I'm headed for San Diego. Do you know which gate I need to go to for Flight 76?

M: Let me see. Your flight is departing from Gate C44. That's in Terminal C, so you'll need to take the shuttle bus. This is Terminal A.

W: Oh, how long does that take? My flight arrived a little late, so I'm worried I won't get to the connecting flight in time. Didn't it already start boarding?

M: Yes, it did, but you should still have time. The shuttle only takes five minutes. I'll give my coworker at the gate a call to let them know that you are running a little late.

[訳] 問題 4-6 は次の会話に関するものです。

112

赤字の部分を中心に会話の流れを把握する

Excuse me, I'm trying to get to my connecting flight.

▸ get to は「～に行く」の意。女性は旅行客だと判断できます。

I just arrived here from Edmonton and I'm headed for San Diego. Do you know which gate I need to go to for Flight 76?

▸「76 便の搭乗ゲートはどこか」と尋ねています。

Your flight is departing from Gate C44. That's in Terminal C, so you'll need to take the shuttle bus. This is Terminal A.

▸ 空港係員と思われる男性は、ゲート番号は C44 番で、そのゲートのあるターミナル C にはシャトルバスに乗る必要があると伝えています。

Oh, how long does that take? ...
Didn't it already start boarding?

▸ シャトルバスに乗る必要があると聞き、間に合うか心配になっています。Didn't it ～? の it は自分のフライトである 76 便を指しています。

I'll give my coworker at the gate a call to let them know that you are running a little late.

▸ ゲート係員に連絡しておくので大丈夫ですよと女性を安心させています。

【語句】

□ connecting flight	【名】乗り継ぎ便	□ in time	間に合って
□ depart	【動】出発する	□ board	【動】搭乗する

113

まだ問題を解いたことがなければ、同ページの和訳に目を通して、どんな内容か把握しておきます。

【訳】問題 4-6 は次の会話に関するものです。

女性：すみません、乗り継ぎ便のところまで行こうとしています。Edmonton からちょうど到着したところで、San Diego に向かっています。76 便に乗るには、どのゲートに行けばいいかわかりますか。

男性：そうですね……。お客様の便は C44 番ゲートから出発になります。ターミナル C ですのでシャトルバスに乗る必要があります。ここはターミナル A ですから。

女性：あら、どれくらいかかりますか。私の便の到着が少し遅れたので、乗り継ぎ便に間に合わないのではと心配なんです。搭乗は始まっていませんか。

男性：ええ、始まりました。でも、まだ時間はあるはずですよ。シャトルバスでわずか 5 分です。ゲートにいる同僚に連絡して、あなたが少し遅れていると知らせておきますよ。

Step 1 各ユニットのキーワードをつかまえる

音声ファイル 43 を聞きながら、音の切れ目に以下のようにスラッシュ記号（/）を入れてください。音の切れ目は、息つぎをする所のことで、ちょっとした間（ポーズ）が感じられるところです。

次に、もう一度頭から聞いて、今度は強く読まれている語をマルで囲んでください。下線を引いても OK ですが、スクリプトを見て、「この語を強く発音するんだ」ということが一目で認識できるように書き入れてください。

スラッシュで区切られた部分が、「意味のかたまり」です。つまり、「音のかたまり＝意味のかたまり」なのです。私たちが日本語を話すときは特に意識はしていませんが、やはり意味の区切れで息つぎをして話していますよね。たとえば、「きのう弟 / とカフェでカプチーノ / を飲んでいた / ときに高校時代 / の友人 / に会った」のようには言わないのと同じです。

43

W: Excuse me, / I'm trying to get to my connecting flight. / I just arrived here from Edmonton / and I'm headed for San Diego. / Do you know which gate I need to go to / for Flight 76? /

M: Let me see. / Your flight is departing from Gate C44. / That's in Terminal C, / so you'll need to take the shuttle bus. / This is Terminal A. /

W: Oh, how long does that take? / My flight arrived a little late, / so I'm worried I won't get to the connecting flight in time. / Didn't it already start boarding? /

M: Yes, it did, / but you should still have time. / The shuttle only takes five minutes. / I'll give my coworker at the gate a call / to let them know / that you are running a little late. /

このように、スラッシュで区切られた1つの部分を「ユニット」と呼ぶことにします。

Excuse me, / I'm trying to get to my connecting flight.
└ 1ユニット ┘　└──── 1ユニット ────┘

冒頭の文は、2ユニットでできています。Excuse me, は見ての通り2語ですが、2語で1ユニットになり、「すみません」という意味を成しています。

me, の後から文末までの I'm trying to get to my connecting flight. は少々長いですが、音声ではこれも1ユニットとして発話しています。

最終的には、英文スクリプトを見なくても、1ユニットごとに意味がわかるようになることがリスニング・トレーニングの目標です。ユニット内のすべての語を聞き取れなくてもキーワードさえ聞き取れれば意味はつかめます。

Step 2 ネイティブ伴奏付き音読トレーニング

スラッシュ記号を入れて、強く読まれる所をマルで囲んだ Step 1 のスクリプトを見ながら、音声と一緒に音読してください。(5回以上推奨)

🔊 43

W: Excuse me, / I'm trying to get to my connecting flight. / I just arrived here from Edmonton / and I'm headed for San Diego. / Do you know which gate I need to go to / for Flight 76? /

M: Let me see. / Your flight is departing from Gate C44. / That's in Terminal C, / so you'll need to take the shuttle bus. / This is Terminal A. /

W: Oh, how long does that take? / My flight arrived a little late, / so I'm worried I won't get to the connecting flight in time. / Didn't it already start boarding? /

M: Yes, it did, / but you should still have time. / The shuttle only takes five minutes. / I'll give my coworker at the gate a call / to let them know / that you are running a little late. /

音声ファイル 43 は Questions 4-6 refer to the following questions. から始まります。このあと、ネイティブの声に併せてスクリプトを見ながら音読してください。

Step 2 のトレーニングのポイントは、会話を通じて、イントネーションをまねすることです。まずは、一語一語すべて明確に発音しようと思わず、自分がマルで囲んだ語だけは強く明確に、ネイティブと同時にしましょう。

スクリプトを見ていても、ネイティブとすべて同時に言うことは難しいし、またそれを目指す必要はありません。でも、強く発音される語だけはしっかりとネイティブと同時に言えるようになるまで練習しましょう。例えば、最初の男性の発話中、That's in Terminal C, / so you'll need to take the shuttle bus. では 太字の 6 語を強く発音しています。つまり、この 6 語が意味をとる上でのキーワードなのです。音声と一緒にキーワードを強く言うことに慣れてきたら、各キーワードの中でも、特に強く発音される所を意識して、ネイティブの発音する通り強く言ってみてください。

That's in **Ter**minal **C**, / so you'll **nee**d to **ta**ke the shu**tt**le bus.

Step 3 英語リズム・トレーニング

スクリプト中、マルで囲んだキーワードの中で、特に強くストレス（強勢）を置いて発音される文字に印をつけ、これを強く発音することを意識して音声に合わせて音読してください。(5 回以上推奨)

次に、音声を流さずに手拍子を打ちながら、手拍子で刻むリズムに合わせて発音してみましょう。

一語の中で強く読まれるところがあります。これを「ストレス（強勢）」と呼びますが、英語の発話では、このストレスが一定の間隔で現れます。試しに、以下の文を、手拍子を打ちながら発音してみましょう。

That's in **Ter**minal **C**, /

どこで手拍子を打ちましたか？　強弱リズムをもたない日本語式に発音すれば、どこにも手拍子が打てませんね。無理やり打つとしたら、各単語の始まりで「ザッツ・イン・ターミナル・スィー」のようになるでしょうか。

ところが英語は、前に述べたように強弱リズムを持ち、大切な語は強くゆっくりはっきりと、それ以外の語は弱く速く発音されるのです。実際に音声を聞いてみると、That's の「ザ (ッ)」、Terminal の「タ」、C の「スィ」が強く発音されていますね。in はおまけみたいに That's の裏の拍のような感じになります。では、Track 60 を聞いて、一緒にやってみてください。

🔊 60

That's in Ter**m**inal **C**, / That's in Ter**m**inal **C**, / That's in Ter**m**inal **C**,

Step 4 シャドーイング Part 1

今度はスクリプトを見ないで、シャドーイングをしましょう。

シャドーイングとは、聞こえてきたネイティブの音声にワンテンポ遅れて聞こえてきた通りに発音することです。ネイティブの後について追いかけていくつもりで練習します。少しぐらい言えない音があっても気にしないでください。ついていけなくなったら、一度言うのをやめて、また次のポーズを待って再開すればOKです。音声ファイル 61 にシャドーイングのデモ音声が収録されていますので、ぜひ参考にしてください。

一度にすべての会話を練習するのはタフなので、前半と後半に分けて、まず前半が 80% ぐらいできるようになったら、後半を練習してください。全体が 80%ぐらいシャドーイングできるようになったら、Step 5 に進みます。

たとえば、Excuse me,「エクスキューズミー」から始まる冒頭の文の場合、Excu「エクスキュー」を聞いたあたりですぐにネイティブを追いかけるように自分も Excuse me, と発音し始めます。

🔊 61

音声：Excuse me, / I'm trying to get to my connecting flight.

あなた：　Excuse me, / I'm trying to get to my connecting flight.

シャドーイングをするときのポイントは、イントネーションをまねることです。Step 3 で音の強弱は練習したので、Step 4 では特に音の高低を意識して発音してみましょう。そうすると Step 3 でマークしたストレスのある音がたいていは少し高い声で発音されていることにも気づけるはずです。

Step 5 シャドーイング Part 2

今度はキーワードの意味を思い浮かべながら、シャドーイングをします。やはりスクリプトは見ないで練習してください。全体の意味がほぼとれるようになったら、Step 5 は完了です。

キーワードとは、文の中で、ストレスが置かれて強くはっきりと発音される語でしたね。つまり、強く発音するたびに、自分が言っている語の意味を頭にぽんぽんと置いていくつもりでシャドーイングします。

音声：Excuse me, / I'm trying to get to my connecting flight.
あなた：Excuse me, / I'm trying to get to my connecting flight.
すみません　しようと　ゲット　乗り継ぎの

こんな感じで意味をぽんぽんと頭に置いていきます。詳しくみると、try to doで「～しようとする」、つまりtrying to get toで「～に行こうとする」という意味ですが、最初はキーワードごとに頭で意味を思い浮かべながらシャドーイングしてください。練習を重ねるうちに、ユニット内の複数のキーワードをまとめて意味が取れるようになっていきます。

音声：Excuse me, / I'm trying to get to my connecting flight.
あなた：Excuse me, / I'm trying to get to my connecting flight.
すみません　しようと　ゲット　乗り継ぎの
→ すみません　行こうとしています　乗り継ぎ便のところまで

以上のStep 1～Step 5を本書の会話またはトークを素材に徹底的にトレーニングしてください。目安は1日20分。もし毎日繰り返せば、しっかりとしたリスニングの基礎が築けます。1つの会話（トーク）がStep 5までほぼ完璧にできるようになるまで、毎日練習してもかなりの時間がかかるかもしれませんが、諦めずに頑張ってください。そしてほぼできるようになったら、別の素材をまたStep 1から繰り返してみてください。1つの素材をじっくりと、しっかりやり遂げることが大切です。

それでは、Good luck!

リーディング力底上げトレーニング

Part 7 の英文パッセージに苦手意識をもつ方に、英文を語順通りにサクサクと読んでいくスラッシュ・リーディングの方法を紹介します。

Preparation（準備）

以下、本書の Part 7 練習問題 5-9 の第 2 パッセージ（メール）を用いて説明していきますが、やり方がわかったら、本書に収載しているすべての英文パッセージについて、このトレーニングを行ってみてください。

では、まず、*p*.274 をコピーしてください。行間に線を引いたり書き込んだりできるよう、自分で使いやすいと思う倍率で拡大コピーしてもいいですね。

あるいは、コスモピアのウェブサイトからスクリプトの PDF を無料でダウンロードすることができます（*p*.294 参照）。

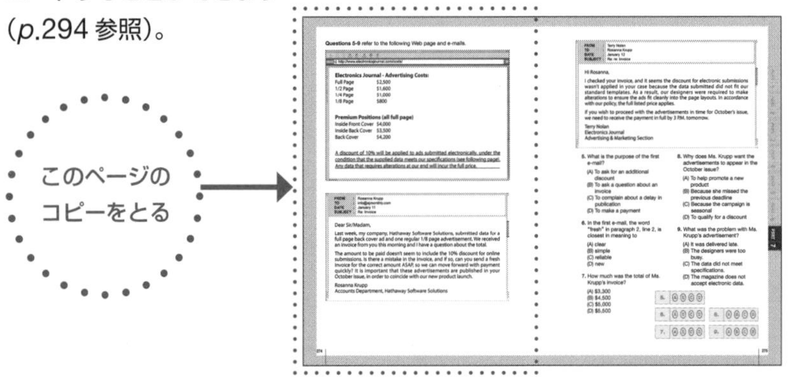

Questions 5-9 refer to the following Web page and e-mails.

Electronics Journal - Advertising Costs:

Full Page	$2,500
1/2 Page	$1,600
1/4 Page	$1,000
1/8 Page	$800

Premium Positions (all full page)

Inside Front Cover	$4,000
Inside Back Cover	$3,500
Back Cover	$4,200

A discount of 10% will be applied to ads submitted electronically, under the condition that the supplied data meets our specifications (see following page). Any data that requires alterations at our end will incur the full price.

FROM: Rosanna Krupp
TO: info@ejmonthly.com
DATE: January 11
SUBJECT: Re: Invoice

Dear Sir/Madam,

Last week, my company, Hathaway Software Solutions, submitted data for a full page back cover ad and one regular 1/8 page advertisement. We received an invoice from you this morning and I have a question about the total.

The amount to be paid doesn't seem to include the 10% discount for online submissions. Is there a mistake in the invoice, and if so, can you send a fresh invoice for the correct amount ASAP, so we can move forward with payment quickly? It is important that these advertisements are published in your October issue, in order to coincide with our new product launch.

Rosanna Krupp
Accounts Department, Hathaway Software Solutions

274

FROM: Terry Nolan
TO: Rosanna Krupp
DATE: January 12
SUBJECT: Re: re: Invoice

Hi Rosanna,

I checked your invoice, and it seems the discount for electronic submissions wasn't applied in your case because the data submitted did not fit our standard templates. As a result, our designers were required to make alterations to ensure the ads fit cleanly into the page layouts. In accordance with our policy, the full listed price applies.

If you wish to proceed with the advertisements in time for October's issue, we need to receive the payment in full by 3 P.M. tomorrow.

Terry Nolan
Electronics Journal
Advertising & Marketing Section

5. What is the purpose of the first e-mail?
(A) To ask for an additional discount
(B) To ask a question about an invoice
(C) To complain about a delay in publication
(D) To make a payment

6. In the first e-mail, the word "fresh" in paragraph 2, line 2, is closest in meaning to
(A) clear
(B) simple
(C) reliable
(D) new

7. How much was the total of Ms. Krupp's invoice?
(A) $3,300
(B) $4,500
(C) $5,000
(D) $5,500

8. Why does Ms. Krupp want the advertisements to appear in the October issue?
(A) To help promote a new product
(B) Because she missed the previous deadline
(C) Because the campaign is seasonal
(D) To qualify for a discount

9. What was the problem with Ms. Krupp's advertisement?
(A) It was delivered late.
(B) The designers were too busy.
(C) The data did not meet specifications.
(D) The magazine does not accept electronic data.

275

Step 1 主語と動詞を探す

文中の主語（S）に二重下線、動詞（V）に下線を引きながら、主語と動詞だけ頭に意味を入れていきましょう。

英文の基本構造は[主語(S) ＋動詞(V)] です。「だれが(S) どうする」「何が(S) どうなる(V)」と文の骨格を決めるのが主語と動詞だからです。S は通常、名詞・代名詞など名詞のかたまりで、だいたい文頭か文の最初の方に、V は S の後にあります。

Dear Sir/Madam,

Last week, my company, Hathaway Software Solutions, submitted data for a full page back cover ad and one regular 1/8 page advertisement. We received an invoice from you this morning and I have a question about the total.

The amount to be paid doesn't seem to include the 10% discount for online submissions. Is there a mistake in the invoice, and if so, can you send a fresh invoice for the correct amount ASAP, so we can move forward with payment quickly? It is important that these advertisements are published in your October issue, in order to coincide with our new product launch.

Rosanna Krupp
Accounts Department, Hathaway Software Solutions

上のように主語と動詞をチェックすることができましたか。このとき、主語と動詞を意識して、頭に意味を置きながら、たとえば、次のように読み進めていきます。

Last week, my company, Hathaway Software Solutions, submitted data
主語 動詞
for a full page back cover ad and one regular 1/8 page advertisement.

私の会社、Hathaway Software Solutions は（主語）
提出しました。（動詞）

文には他の要素もありますが、まずは文の骨格である主語と動詞を見抜いて頭に入れることが大事です。

続けて、残りの文も主語と動詞だけ頭に入れて意味をとっていきましょう。

We received
私どもは　受け取りました

I have
私は　持っています

The amount to be paid doesn't seem to include
支払うべき額は　含んでいないようです

Is there a mistake
ありますか　誤りが

助動詞も、動詞の一部と考えます。

can you send
助動詞　主語　動詞
あなたは　送ることができますか（＝送ってもらえますか）

we can move forward
主語　助動詞　動詞
私たちは　進めることができます

動詞が be 動詞の場合は be 動詞の次の語とまとめて意味をとります。

It is important
主語　動詞　補語
それは 重要です

these advertisements are published
これらの広告が　出版される

Step 2 意味のかたまり（ユニット）を探す

主語と動詞以外の「その他」の部分に目を向けて、意味的に結びついているかたまり（ユニット）を探し、ユニットごとに文をスラッシュ記号（/）で区切ってみましょう。

Step 1 では主語と動詞をまず優先的に意識しました。それをふまえ、Step 2 では、スラッシュ・リーディングを行います。主語と動詞以外の「その他」の部分にも注目し、それらが、主語や動詞とどう結びついているのか、意味のかたまり（ユニット）を意識します。そして、ユニットごとにスラッシュを引きながら、意味を推測していきます。

Last week, / my company, Hathaway Software Solutions, submitted data /
時を表す語句　主語　動詞　目的語
for a full page back cover ad / and one regular 1/8 page advertisement. /
目的語の説明 A　目的語の説明 B

どうでしょうか？　同じようにスラッシュで区切れましたか？

Step 1では、「私の会社、Hathaway Software Solutionsは（主語）」「提出しました（動詞）」と意味を取りました。そうすると、ここで、「何を提出したの？」という疑問がわいてきますね。このように「疑問がわいてくる」ことが大事です。常に「いつ、だれが（何が）どこで、何を、なぜ、どのように、どうした」と、自問しながら読んでいきましょう。この1文目の場合なら、「私の会社は / 提出しました /（何を？）（いつ？）（どこで？）（何のために？）」と自問して答えを探しながら読んでいきます。このように「自問探答」しながら、アクティブに文意をとらえようとすることが大事です。

この文の場合、「何を？」にあたる「提出したもの」は、動詞submittedの直後にある語だろうと推測します。これを動詞の目的語と言います。目的語は通常、動詞の直後に置かれます。目的語になるのは、名詞（句）や代名詞です。不定詞や動名詞、節が目的語となる場合もありますが、普通は名詞・代名詞と覚えておきましょう。では、この文の目的語となる部分を具体的に見てみましょう。

> submitted data for a full page back cover ad and one regular 1/8 page advertisement.

submittedの直後にはdata「データ」という名詞がありますから、「私の会社は / 提出しました、データを」という文だとわかります。つまりdataはsubmittedの目的語と認定してよさそうです。またその後を見ていくと、for a full page back cover adと続き、その後にandがあるので、andをはさむ2つの事柄（仮にAとBとします）が、目的語のdataをより詳しく説明しているユニットだと捉えることができます。

> submitted data for A and B.

forは前置詞です。前置詞は、動詞と結びついて、特定の意味を成すこともありますが、通常、名詞の前に置かれ、前置詞の前後の語句を結びつける働きをします。

では、AとBの部分を詳しく見てみましょう。まずAです。語順通りにa full page back coverと意味をとっていくと、これらad以外の語がひとかたまりになってadを修飾しているとわかります。

(data for) a full page back cover ad
全ページの　裏表紙の　広告（[のための] データ）

次にBの部分です。Aでad以外の語がadを修飾していたのと同様に、one regular 1/8 pageの部分がadvertisementという名詞を修飾しています。このような［修飾するもの・されるもの］は、ひとかたまり、ワンユニットと捉えます。

(data for) one regular 1/8 page advertisement
1つの　通常の　1/8ページ　広告（[のための] データ）

では、以上のような語（句）同士の結びつきに注意して、最初のパラグラフをスラッシュでユニットごとに分けてください。常に英文を目で［左→右］方向に追いかけ、前に戻らないように注意しましょう。

Last week, / my company, Hathaway Software Solutions, submitted data / for a full page back cover ad / and one regular 1/8 page advertisement. / We received an invoice from you / this morning / and I have a question / about the total.

いかがですか？　ユニットのとらえ方には絶対的な1つの正解があるわけではないので、自分の分け方が上記と多少異なっていても気にしないでください。では第2パラグラフもスラッシュ・リーディングしてみましょう。

The amount to be paid / doesn't seem to include the 10% discount / for online submissions. / Is there a mistake / in the invoice, / and if so, / can you send a fresh invoice / for the correct amount / ASAP, / so we can move forward with payment quickly? / It is important / that these advertisements are published / in your October issue, / in order to coincide with our new product launch.

Step 3 語順通りに意味を思い浮かべるトレーニング

スラッシュで区切られた各ユニットの意味を語順通りに頭に入れていきましょう。

Step 3ではスラッシュで区切られたユニットごとに意味をとっていきます。慣れるまでは声に出してスラッシュごとに意味を言ってみましょう。最終的には声に出さずに、語順通りに意味が頭に入ってくるようになることが目標です。

先週 / 弊社、Hathaway Software Solutionsは、/ 提出しました、データを / 全ページの裏表紙（用のデータを）/ そして1つの通常の1/8ページ広告（用のデータを）。/ 弊社は受け取りました / 御社からのインボイスを / 今朝 / そして（私には）質問があります / 合計金額について。/
支払金額は / 含んでいないようです、10パーセントの割引を / オンライン提出に関する（割引を）。/ あるのでしょうか、ミスが / 請求書に / そしてもしあるなら / 送ってもらえますか、新しいインボイスを / 正しい額面の（インボイスを）/ 大至急 / そうであれば弊社は実行することができます、支払を、迅速に。/（以下のことが）重要です / これらの広告が掲出されることが（重要です）。/ 貴社の10月号で / 私どもの新製品の発売と合わせるために。/

いかがでしたか？ ［意味のかたまり＝ユニット］を意識することが少しできるようになってきましたか？ では最後に、どこにスラッシュを入れるとよいか、見た目のチェックポイントを確認しておきましょう。

●スラッシュを入れる目印

① ピリオド、カンマ（,）、コロン（:）、セミコロン（;）の後
② 長い主語と動詞（などその他のパーツ）の間
③ ［前置詞 + 名詞（句）］や群前置詞の前
④ that節など、節の前
⑤ 不定詞・分詞・動名詞の前
⑥ 関係代名詞・関係副詞の前
⑦ 接続詞の前

試験直前10分前チェック

当日の持ち物

❶受験票（顔写真付き）

顔写真を当日の朝撮影することも可能ですが、試験会場最寄り駅に設置されている写真撮影機は混雑しがちなので、前日までに用意しておきましょう。焦って会場に駆け込む必要がないよう、ゆとりを持って出かけることも得点アップにつながります。

❷写真付の本人確認書類

有効期限内の、運転免許証、学生証、パスポートなどで、コピーは不可です。

❸筆記具

➡シャーペン（2、3本）、シャーペンの替え芯、HBえんぴつ（2、3本）、消しゴム（2個）
マークシート用のシャーペンやえんぴつも売られていますが、自分で使い慣れた普通のシャーペンやえんぴつでも大丈夫です。試験中に落としたり、芯が折れたりすることもあるので、複数持っていくようにしてください。

❹腕時計

携帯電話やスマホを時計替わりに使うことは認められていません。また通信機能の付いた腕時計も使用できません。試験会場によっては時計が教室内に設置されていない場合もあります。テストの時間管理をするために腕時計は必須アイテムです。忘れずに持っていきましょう。

❺この本

自分で一生懸命繰り返し学習した参考書や問題集、単語帳をどれか1冊持っていきましょう。あれもこれもとカバンに詰めて安心するためのお守り替わりになればそれもいいですが、テスト前に参考書をチェックできる時間は短いので、何か1冊に絞っておくと試験前の10分間を有効に使えます。

試験当日の心構え

❶試験会場へ

- ▶持ち物を必ずチェック！
- ▶電車やバスが遅延する可能性もあるので、早めに会場に到着するように家を出ましょう。

❷試験開始 30 分前に会場にチェックインしたら

▶着席するまでにトイレを済ませておきましょう。テストは 2 時間。途中で退出して戻って試験を継続することは基本的には認められていません。

▶机の上にすでに解答用紙が配布されている場合は、受験番号や氏名を記入しておきます。

試験 10 分前の最終チェック！

会場で試験が始まるまでの 10 分間のベストな活用法は、自分がこれまでにミスしたことをふり返り、各パートの解き方を再確認することです。

次ページのパート別「絶対克服！　自分の過去のウイークポイント」欄に、これまでこの本の練習問題でミスした点を各パートから 1 つずつ選び、どうしてミスしたのか、またどうすれば同じミスをしないですむか、前日までに書き込んでおきましょう。

試験 10 分前には、これをもう一度最終チェックします。

自分の過去のミスを得点に変えましょう！

●「自分の過去のウィークポイント欄」記入例

Part	パート別の解法：留意点	絶対克服！ 過去のウイークポイント
1	●試験開始の合図があったら、問題用紙を開封して、6 枚の写真を見る。 ●人物写真は人の動作・様子をチェックする。風景写真は写真にある物の名前を思い浮かべる。 ☞ Part 1 の説明のページ（問題用紙を開封してページをめくった左ページ）は見なくていいし、そのページの英語 の説明も聞かなくていい！ Now Part 1 will begin! という音声が聞こえてきたら、1 番の写真に戻って、写真をよく見ながらしっかり聞こう。	p.41　3 番の風景写真 (A) Lines are being painted on the road. 受動態の進行形の意味がわからず、パニクってしまった (>_<) 受動態の進行形は、「誰かが何かをしている最中です」と頭の中でわかりやすく意味を理解し直すこと！！ これは Someone is painting lines on the road.（誰かが道路に線を塗っています）と理解すればいい。

テスト10分前の最強チェックシート

Part	パート別の解法：留意点	絶対克服！ 過去のウイークポイント
1	●試験開始の合図があったら、問題用紙を開封して、6枚の写真を見る。 ●人物写真は人の動作・様子をチェックする。風景写真は写真にある物の名前を思い浮かべる。 ☞ Part 1の説明のページ（問題用紙を開封してページをめくった左ページ）は見なくていいし、そのページの英語の説明も聞かなくていい！ Now Part 1 will begin! という音声が聞こえてきたら、1番の写真に戻って、写真をよく見ながらしっかり聞こう。	
2	●とにかく質問文をよく聞いて問題タイプをちゃんと見極める！ ☞最初の3語が特に大事！ ●正解の選択肢選びに自信がない場合は、質問文に含まれていた単語や似た音が入っていた選択肢は選ばない！ ● When と Where を聞き間違えないようにする。	
3	● Questsions First! ☞会話を聞く前に、1つの会話についている3つの設問をチェックする！ ●難易度が低めの設問（場所や主題、問題を問う設問）は選択肢も見て、必ず得点する！	
4	● Questsions First! ☞ 1つのトークについている3つの設問を先読みする！ ●難易度が低めの設問（トークの目的、オーディエンスは誰かなどを問う設問）は選択肢も見ておき、必ず得点する！	

Part	パート別の解法：留意点	絶対克服！ 過去のウイークポイント
5	●空欄の前後をよくチェックする。 ●品詞問題は、文の中で足りない品詞を探せば解ける。 ●難しい問題に時間をかけないこと。	
6	●動詞問題（時制）は、タイムワードを探して正解する。 ●接続語句の問題は、前後の文のつながりに注意する。 ●接続語句の問題は、空所の後に名詞のかたまりがあるか、節（主語＋動詞）があるかをチェックする。 ☞名詞のかたまりがある場合は、空所には前置詞（句）（because of など）節がある場合は接続詞（because など）が入る。 ×（ Because ） his success, ◎（Because of） his success,	
7	● Questions First! まず設問を読んで、必要な情報をスキャンする。 ●やさしい設問から解いて、できるだけ正解数を増やす！ ●メール・手紙など文書の目的を問う設問には、第１パラグラフを冒頭からしっかり丁寧に読んで解答する。答えはほぼ第１パラグラフにある！ ●ダブル（トリプル）パッセージ問題では、どの文書に解答があるかを示す設問から先に解く。すべての文書を読み終えないと解けないわけではない！	

著者紹介 **生越秀子**（おごせ ひでこ）

早稲田大学教育学部英語英文学科卒業。青山学院大学大学院国際コミュニケーション修士、早稲田大学大学院後期博士課程修了。大学卒業後、アルク他出版社で英語教育雑誌・書籍・音声・ビデオ教材等の企画・開発に携わる。現在、青山学院大学、明治大学、國學院大學で兼任講師として、TOEIC® テスト対策講座、英語コミュニケーション科目等を教えている。専門は英語教育、異文化コミュニケーション、メタ言語能力育成のための言語教育。TOEIC テスト対策学習教材としては、通信教育講座『TOEIC® テスト 730 点制覇コース』（ユーキャン）、『オンライン英会話』（ラングリッチ）、等のコンテンツ制作にかかわる。著書に『TOEIC®L &R テストこの 1 冊で 750 点』（コスモピア）ほか。

改訂新版

はじめてのTOEIC® L&R テスト この1冊で650点

2017年 5月10日 第1版第1刷発行
2020年 4月25日 改訂新版第1刷発行
2024年 5月10日 改訂新版第4刷発行

著／生越秀子

問題作成：PAGODA Education Group、ソニア・マーシャル、イアン・マーティン
本文写真：iStock.com/Tomwang112

校正／高橋清貴
英文校正／ソニア・マーシャル、イアン・マーティン、アレクサンドリア・ヒル

ナレーション／ジョシュ・ケラー、イアン・ギブ、ジェイソン・タケダ、エマ・ハワード、ビアンカ・アレン

装丁／松本田鶴子

発行人／坂本由子
発行所／コスモピア株式会社
〒151-0053 東京都渋谷区代々木4-36-4 MCビル2F
営業部 Tel：03-5302-8378
email：mas@cosmopier.com
編集部 Tel：03-5302-8379
email：editorial@cosmopier.com
https://www.cosmopier.com/（会社・出版案内）
https://e-st.cosmopier.com/（コスモピアeステーション）

録音／財団法人 英語教育協議会（ELEC）
音声編集／株式会社メディアスタイリスト
製版・印刷・製本／シナノ印刷株式会社